KB196284

협동조합의 역사

협동조합의 역사

김영성 지음

쌀트라인
SALTLINE

■ 저자의 말

지난 5월 『지역농협의 이해』를 편찬하고 나니 뭔가 허전했다. 빠진 부분이 있었기 때문이다. 대표적으로 농업협동조합법에서 「벌칙」부분이다. 이를 염두에 두면서 나중으로 미뤄두고 우선은 협동조합의 역사를 전체적으로 다루어 보았다.

많은 자료를 수집해서 연구해 보았으나, 연구할수록 더 어려워만 졌다. 또 다른 문제는 자료의 신빙성이었다. 교차로 대조해 보았을 때 표현방식에서 조금씩 차이가 있었다. 특히나 숫자부분이 다를 때에는 당황할 수밖에 없었다.

그래서 내용을 깊이 다루거나 세부적인 인용은 되도록 피하고 역사의 줄거리 잡기에 전념하였다.

이 책을 통해서 협동조합의 역사에 대해 조금이나마 도움이 된다면 크나큰 보람이요, 행복이라고 생각한다.

특히나 현재 활동 중인 각종 협동조합의 조합원이라면, 이 책을 통해 협동조합에 대한 기초적인 상식을 갖추는 데 도움이 되리라고 믿는다.

독자 여러분의 행운과 안녕 그리고 발전을 빈다.

2024년 겨울

저자 김영성

| 차례 |

제3장 외국의 협동조합 발달사

제4장 국제협동조합연맹

제5장 우리나라 협동조합

제6장 나가면서

제1장

들어가면서

제1장 들어가면서

제1절 협동조합의 정의

1. 협동조합기본법

협동조합이란 재화 또는 용역의 구매·생산·판매·제공 등을 협동으로 영위함으로써 조합원의 권익을 향상하고 지역 사회에 공헌하고자 하는 사업조직을 말한다.

2. 국제협동조합연맹

국제협동조합연맹에서는 협동조합을 공동으로 소유되고 민주적으로 운영되는 사업체를 통하여 공통의 경제적, 사회적, 문화적 필요와 욕구를 충족시키고자 하는 사람들이 자발적으로 결성한 자율적인 조직이라고 말한다.

제2절 협동조합 역사적 고찰과 의의

협동조합이란 어원의 사용과 그 활동에 대한 시초를 찾기란 애매한 부분도 많다. 왜냐하면 인류의 역사가 이루어지면서 인간이 살아남기 위해서 협동이란 의미의 중요성을 이미 이해하면서 살아왔을 것으로 추정되기 때문이다.

그러나 일상적으로 쓰이는 협동이라는 막연한 의미보다는 자체적으로나 사회적으로 더 나아가서 국가적으로 인정받을 수 있는 조직적인 단체를 의미한다고 볼 때 협동조합을 진지하게 생각해 볼 필요가 있다.

협동조합이 국가나 사회에 미치는 영향은 크다. 그러기에 법으로나 제도적으로 많은 지원과 보장을 받는 것도 사실이다.

협동조합을 공부하거나 창립하려는 사람, 또는 관심을 가지고 기존 조합의 조합원으로 참여하려는 사람은 협동조합의 역사에 대해 반드시 알아볼 필요가 있다.

협동조합 역사를 고찰하다 보면 현재의 협동조합에 대해서도 보다 쉽게 이해를 할 수 있고, 조합을 운영하는 데에도 밑거름이 될 수 있다.

이 책에서 구성은 세계 최초의 근대적인 협동조합으로 불리는 로치데일공정선구자조합을 중심에 두고, 그 이전 시대의 흐름과 배경을 살펴보았다. 이어서 간략하게나마 각 나라의 발전과정을 살펴보았다. 마지막으로 우리나라의 협동조합 역사도 살펴보고, 협동조합 전반 사항에 대해 정리하면서 마무리해 보았다.

제3절 협동조합의 종류

협동조합의 역사를 고찰하다 보면 협동조합 앞에 많은 용어들이 붙는다. 조합의 종류에 대해 정리되어 있지 않으면 이해에 혼란이 올 수도 있고, 우리가 직접 실행하거나 추구하려는 조합의 방향설정에도 어려움을 느낄 수 있다. 그래서 간략하게나마 설명이 필요할 것 같다.

1. 형태에 의한 분류[1]

가. 생산협동조합

생산협동조합生産協同組合은 소생산자들이 설립하는 것으로 농업, 수산업, 축산업, 공업협동조합 등이 있으며, 사업 내용에 따라 다시 다음과 같이 나누어 볼 수 있다.

1) 판매협동조합販賣協同組合 - 조합원이 생산한 생산물을 직접 판매할 경우, 어려움이 많으므로 이를 위하여 공동으로 조합원의 생산물을 판매하는 조합이다. 판매 외에도 생산물을 가공하여 공동 판매하는 가공판매조합이 있다.

2) 구매협동조합購買協同組合 - 조합원에게 공급할 생산물이나 원재료를 공동구매하기 위하여 설립된 조합이다.

3) 이용협동조합利用協同組合 - 조합원의 요구에 의한 필요시설을

1) https://ko.wikipedia.org/wiki

공동출자금으로 설치하고, 이를 이용할 목적으로 설립된 조합이다.

4) 신용협동조합信用協同組合 - 조합원의 자금을 자체적으로 융통해 주는 것 외에 외부에서 자금을 차입, 조합원뿐만 아니라 일반고객에게도 예금 또는 융자해 주는 것을 목적으로 한다. 고객의 이용실적에 따라 많은 수익을 올릴 수 있다.

5) 생산협동조합生産協同組合 - 조합원이 공동으로 생산하는 것으로 원료구입에서부터 생산, 가공까지 한다. 때로는 가공만을 할 수 있다.

나. 소비협동조합

소비협동조합消費協同組合은 생활에 필요한 물자를 싼 값으로 구입하여 조합원에게 공급함으로써 소비자인 조합원의 소비생활 경비를 경감하고 품질에 있어 만족스럽게 하는 데 목적이 있다.

사업으로는 물자의 공동구입 외에 의료시설, 목욕탕, 주택 등을 지어 조합원으로 하여금 이용하게 한다든가 또는 조합원으로부터 여유자금을 예치하거나 자금이 필요한 조합원에게 대부해 주는 것 등이 있다. 이러한 소비조합은 직장에 설치된 직장조합도 있고, 특정지역에 사는 사람을 대상으로 한 지역조합도 있다. 일부 대학에 교직원 밥집이나 매점 등을 소비협동조합 형태로 운영하는 경우도 있다.

다. 다중이해관계자협동조합

다중이해관계자협동조합은 상부상조의 정신을 바탕으로 둘 이상 다른 유형의 구성원들이 상호 배려하면서 자주적 · 자립적 · 자치적인 협동조합 활동을 통하여, 조합원의 경영개선 및 생활 향상에 이바지하고, 국민경제의 균형 있는 발전을 도모함에 있다.

2. 주체에 의한 분류[2)]

가. 소비자협동조합

우리나라에 있어, 소비자협동조합의 대표적인 연합조직은 한살림소비자생활협동조합연합회, 아이쿱생협, 두레생협, 행복중심생협 등을 들고 있다.

나. 생산자협동조합(사업자협동조합)

생산자협동조합(사업자협동조합)은 사업자들의 공동구매, 공동판매, 공동브랜드 등을 통해 사업의 효율화를 위해 설립 운영되는 조합이다. 대표적으로 농업협동조합, 수산업협동조합, 산림업협동조합 등을 들 수 있다.

다. 노동자협동조합

노동자협동조합勞動者協同組合(worker cooperative)은 법인을 구성하

2) https://ko.wikipedia.org/wiki

는 노동자들이 법인을 소유하고 직접 경영에 참여하는 협동조합이다. 경영 참여는 다양한 방법으로 이루어질 수 있다.

노동자협동조합은 '일하는 사람들의 협동조합연합회'를 중심으로 해피브릿지협동조합, (협)한국협동조합창업경영지원센터, 쿱비즈협동조합 등을 들 수 있다.

라. 직원협동조합

직원협동조합은 직원들이 함께 조합을 소유하고 관리하며 안정적인 일자리를 늘려나가는 것을 목적으로 한다. 직원들의 실무 역량 강화나 경영 학습 등 지속적인 교육을 통해 직원과 기업의 연대를 강화시키기 위한 수단으로 많이 설립되는 형태이다. 근로자 협동조합도 직원 협동조합에 포함된다.

마. 사회적협동조합

5인 이상의 발기인이 모여 중앙부처의 장에게 인가 및 설립등기를 거쳐 설립할 수 있다. 사회적협동조합은 공익사업을 40% 이상 수행해야 하며, 여기에 해당되는 공익사업은 지역사회공헌, 지역주민 권익 증진, 취약계층 사회서비스 제공, 취약계층 일자리 제공, 공공기관 위탁사업, 기타 공익을 위한 사업이 포함된다. 일반 협동조합과 달리 주 사업 이외의 사업으로 정관이 정하는 바에 따라 조합원을 대상으로 납입 출자금 2/3 한도 내에서 소액대출을 할 수 있고, 납입 출자금의 총액 한도 내에서 상호부조를 할 수 있다. 대표적으로 사회적협동조합 빠띠가 있다.

제4절 협동조합 명칭 해설

1. 일반협동조합

사회적협동조합 등과 구분하여 설명할 때 쓰는 표현

2. 사회적협동조합

지역주민의 권익과 복지 증진과 관련된 사업을 수행하거나, 취약계층에게 사회서비스 또는 일자리 등을 제공하는 것을 목적으로 하는 비영리 협동조합이다.

사회적협동조합의 사례로 행복도시락을 들 수 있다.

행복도시락은 2013년 제1호로 인가받은 '행복도시락 사회적협동조합'이다. 국내 최초의 사회적 협동조합이라는 데 의의가 크다.

행복도시락은 2005년 SK-함께 일하는 재단에서 결식이웃지원도시락 급식사업 실행 협약 체결을 시작으로 이어져 왔으며, 2012 행복도시락 사회적 협동조합 창립총회를 가졌다.[3)]

행복도시락 사회적협동조합은 조합원들의 역량을 향상시켜 경제적 자립을 강화하고 취약계층에게는 양질의 일자리를 제공하고 있다.

지역사회 결식이웃에게는 급식과 영양교육을 포함한 급식서비스 제공을 통해 건강한 급식문화를 조성하고 있다.

---

3) http://happydosirak.org

3. 소비자협동조합

소비자협동조합이란 조합원의 생활에 필요한 물자를 공동으로 싼 값으로 구입함으로써 소비자인 조합원의 소비생활 향상을 그 목적으로 하는 조합을 말한다.

4. 생산자협동조합

생산자협동조합이란 말 그대로 생산자들이 주인이 되는 협동조합의 한 유형이다.

5. 사업자협동조합

사업자협동조합은 생산자협동조합과 유사하다. 가공업체들이 생산한 물품을 공동판매하기 위하여 만든 협동조합이다.

사업자협동조합의 사례로 울산교통문화협동조합을 들 수 있다.

울산교통문화협동조합은 울산의 개인택시, 법인택시 기사, 교통문화시민연대 회원 7명이 700만원을 출자하여 2013년 3월 28일 설립하였다.

이 협동조합의 목적은 택시기사의 처우를 개선하고 경영합리화를 위하는 데 있다. 이 조합은 LPG공급업체와 협약을 맺어 공동구매 형식으로 유류비를 낮추고 가스충전소를 직접 운영하며, 또 택시 구입, 타이어 구매 등을 공동으로 진행해 기사들의 구입비용 부담을 덜게 하고 있다. 사고 시 고문 변호사를 통해 원만하게 해결을

할 수 있도록 했다. 조합 가입은 1계좌당 1만원이며 이익금을 배당금으로 받을 수 있다.[4]

6. 소비자생활협동조합

상부상조의 정신을 바탕으로 한 소비자들의 상호 간 협동에 기반하여 물품 · 용역 · 시설 등의 공동구매와 이용, 판매를 자주 · 자립 · 자치적으로 수행하는 생활협동조합활동을 촉진함으로써 조합원의 소비생활 향상과 국민의 복지 및 생활문화 향상에 이바지함을 목적으로 하는 협동조합을 말한다(소비자생활협동조합법 제1조).

7. 직원협동조합

직원협동조합은 직원들이 함께 조합을 소유하고 관리하며 안정적인 일자리를 늘려나가는 것을 목적으로 한다.

직원협동조합의 사례로 한국대리운전협동조합을 들 수 있다.

한국대리운전협동조합은 2010년부터 대리기사 카페에서 활동을 하던 대리운전기사들이 모여서 업무정보, 초보기사교육, 사고처리 안내 등의 활동을 해오다가 2012년 12월 협동조합기본법에 의거 서울지역에서 맨 처음 협동조합으로 설립 되었다.

한국대리운전협동조합의 목적은 대리운전 문화를 스스로 개선하여 조합원의 권익을 보호함은 물론, 시민의 생명과 재산을 보호하며, 나아가 한밤에 활동하는 일의 특성과 역량을 결집하여 사회 안

---

4) https://www.ulsanpress.net/news/articleView

전에 기여한다는 데 있다.

대리운전 문화를 개선하기 위해 2014년 국토교통부의 자가용자동차 대리운전 실태조사 및 정책연구, 2014년 연세대 보건대학원의 대리운전기사의 직업 환경과 안전 및 보건, 2015년 서울노동권익센터의 이동노동종사자(대리운전, 퀵서비스) 지원방안연구 실태조사 및 정책 연구 활동에도 참여하였다.

근로자건강센터와 제휴하여 대리기사의 건강 점검 및 개선, 공익법인과 연계한 법률지원, 직업인으로 대리운전기사의 자활프로그램을 운영해 왔다.

전국 20만여 명의 대리운전기사들이 마음을 모아 대한민국의 밤길을 지킨다는 사명감을 가지고 조합 활동을 하고 있다.[5)]

8. 근로자협동조합

직원협동조합과 유사한 형태이다.

9. 노동자협동조합

노동자협동조합이란 법인을 구성하는 노동자들이 법인을 소유하고 직접 경영에 참여하는 협동조합이다.

10. 다중이해관계자협동조합

5) https://together.kakao.com/fundraisings/teams

다중이해관계자협동조합이란 소비자 또는 구매사업자, 직원, 생산자 또는 자재공급자, 후원자 중 두 개 그룹 이상이 함께 조합원이 되는 협동조합이다. 공동의 필요를 해결하기 위함이다.

다중이해관계자협동조합의 사례로 영국의 George and Dragon 협동조합을 들 수 있다.

George and Dragon은 영국 북부에 있는 리치몬드에 있다. 2008년 8일 8일 마을주점인 George and Dragon이 문을 닫았다. 이 주점이 문을 닫자 이곳 주민들이 주점의 필요성을 느끼고 마을 주점을 살리기로 하였다.

2010년 이곳 주민 90명이 24만 파운드(우리 돈 4억원 정도)모금하여 마을주점인 George and Dragon을 개업하였다. 마을 주민들이 출연하였기에 당연히 협동조합 형식으로 운영되었다.

George and Dragon협동조합의 성공이 알려지자 마을주변에서도 마을카페, 마을서점, 마을주얼리가게, 마을빵집, 마을요가학원 등 다양한 형태로 마을기업이 이루어졌다.

이로 인하여 여러 사람이 공동의 이익과 가치를 찾는 교훈을 제공하였다.[6)]

우리나라에서도 마을을 단위로 다양한 관광단지나 다양한 마을공동체 사업을 구상을 할 수 있겠다는 생각이 든다.

11. 의료복지사회적협동조합

지역 주민이 스스로 건강을 지키기 위해 다양한 활동을 하는 단

6) 협동조합 참 좋다. 이대중(2016)

체다. 지역 주민들이 직접 출자금을 모아 한의원, 병원, 치과, 요양원 같은 의료기관을 운영한다. 원래 의료 기관의 설립이나 운영은 의사만 할 수 있지만, 조합 형태를 이루면 의사가 아니어도 의료기관을 운영할 수 있다. 병원 운영비는 주민들이 모은 돈으로 충당한다.[7)]

12. 신용협동조합

신용협동조합信用協同組合(Credit Union)이란 공동유대를 가진 사람들끼리 금융의 문제를 해결하기 위해서 자발적으로 조직한 금융협동조합으로서, 흔히 신협信協으로 약칭한다.

13. 농업협동조합

농업인의 자주적인 협동조직을 바탕으로 농업인의 경제적 · 사회적 · 문화적 지위를 향상시키고, 농업의 경쟁력 강화를 통하여 농업인의 삶의 질을 높이며, 국민경제의 균형 있는 발전에 이바지함을 목적으로 한다(농업협동조합법 제1조)

14. 금융협동조합

협동조합의 조직형태를 갖춘 금융기관의 통칭

---

7) https://namu.wik

15. 주택협동조합

주택협동조합이란 공동으로 소유되고, 민주적으로 운영되는 주택 공급과 관리 사업을 하는 법인체이다. 안전하고, 경제적이고, 편리하고, 아름답고, 쾌적한 주택 및 커뮤니티에 대한 필요와 욕구를 충족시키기 위하여, 주택소비자들이 자발적으로 모여 결성한 자율적 단체를 말한다.[8)]

그 사례로 이탈리아 콥안살로니와 무리(Murri)가 있다.[9)]

1980년대는 이탈리아 볼로냐 시민의 40퍼센트만 집을 소유하였다고 한다. 주택협동조합이 설립되면서 현재는 85퍼센트가 자기 집을 가지고 있다. 주택협동조합이 은행에서 융자를 받아 집을 지어, 공장 노동자나 가난한 사람이 집을 구입할 수 있도록 하였으며, 좋은 품질의 주택을 거품 없는 가격으로 저렴하게 공급했다. 주택협동조합의 영향으로 볼로냐에서는 부동산 투기가 사라졌다고 한다.

주택협동조합인 콥안살로니(Coop Ansaloni)는 1948년에 설립됐는데 그동안 이 조합이 공급한 주택이 7,000여 채 가량 되었다. 처음 조합이 설립됐을 때는 조합원이 50~60명이었는데 현재는 1만 1,500여 명에 이른다고 한다.

또 다른 주택협동조합으로 주택건설협동조합 무리(Murri)가 있다. 조합원 2만 3천명의 협동조합으로서, 현재까지 총 1만 2천 채의 주택을 건설했다. 친환경 자재, 태양광 발전 설비 등의 친환경적, 생태계 보존적 가치를 추구하는 협동조합이다. 무리가 건설 공급하는 주택의 가격은 시세보다 평균 20%가량 저렴하다고 한다.

---

8) https://ko.wikipedia.org/wiki

9) 협동조합의 천국, daontimes.

16. 여행협동조합

여행업을 운영하는 형태의 협동조합이다. 대형 여행사와의 경쟁력에서 이기기 위해 소규모 여행업계들이 모여 여행업협동조합을 창립하는 경우가 있다.

17. 중소기업협동조합

중소기업자가 서로 힘을 합하여 협동 사업을 추진하는 것이다. 이를 위해 협동 조직의 설립 · 운영 및 육성에 관한 사항을 정하여 중소기업자의 경제적인 기회균등을 기하고 자주적인 경제 활동을 북돋우어 중소기업자의 경제적 지위의 향상과 국민경제의 균형 있는 발전을 목적으로 하는 협동조합이다(중소기업협동조합법 제1조).

18. 수산업협동조합

어업인과 수산물가공업자의 자주적인 협동조직을 바탕으로 어업인과 수산물가공업자의 경제적 · 사회적 · 문화적 지위의 향상과 어업 및 수산물가공업의 경쟁력 강화를 도모함으로써 어업인과 수산물가공업자의 삶의 질을 높이고 국민경제의 균형 있는 발전에 이바지함을 목적으로 하는 협동조합이다(수산업협동조합법 제1조).

19. 엽연초생산협동조합

연초경작자의 조직을 통하여 잎담배 생산력의 증진과 경작자의 경제적 · 사회적 지위향상을 도모하고, 담배사업의 건전한 발전에 이바지함으로써 국민경제의 균형 있는 발전에 기여함을 목적으로 하는 협동조합이다(엽연초생산협동조합법 제1조).

20. 다문화협동조합

결혼 이주 여성의 경제활동과 한국 적응을 지원하는 협동조합

21. 마중물협동조합

폐지를 줍는 저소득층 주민 등이 모여 사업을 수행하는 것으로, 자립을 위한 협동조합이다.

22. 보건교육사회적협동조합

보건교육사회적협동조합은 자주적, 자립적, 자치적인 조합 활동을 통하여 개인, 가정, 사회를 위한 건강증진 교육 등 생애주기별 보건교육으로 지역사회 건강증진을 도모한다.

건강놀이프로그램을 연구·개발하고 교육 콘텐츠 및 그와 관련된 유·무형의 재화에 대한 교류를 통하여 경력단절여성의 일자리 창출 및 삶의 질 향상으로 건강한 사회구성원의 확산과 건강한 지역사회에 기여함을 목적으로 한다.[10)]

10) https://www.hescoop.com

23. 간호사의료협동조합

간호사를 중심으로 구성된 협동조합이다. 소외된 지역에서 주로 일하며, 만성 질환 관련 서비스에 집중한다.[11)]

24. 산악장비협동조합

산악인들을 위한 각종 장비판매는 물론이거니와 등산에 대한 각종 서비스 제공과 조합원들을 상대로 각종 행사를 추진하는 협동조합이다. 대표적인 예로 캐나다 산악장비 협동조합(Mountain Equipment Co-op) MEC를 들 수 있다. MEC는 캐나다 인구의 약 10%인 330만 명이 조합원이고 매출액이 약 3200억 원인 대규모 산악장비협동조합이다. 1970년대 대학생 6명이 아웃도어 장비가 너무 비싸 스스로 이 문제를 해결하고자 만든 자그마한 조합이 40년이 지난 지금 엄청난 규모로 성장했다.[12)]

25. 신세대협동조합

협동조합의 원칙에 있어서 투자액이나 이용실적에 관계없이 투표권 행사는 1인 1표 원칙을 내세우고 있지만, 경우에 따라서는 불합리한 병폐가 발생할 수도 있다. 이럴 때 전통적인 원칙을 깨고 출자규모에 따라 비례하여 투표권 행사를 하는 등의 예외적인 적용을

11) http://www.daontimes.com/news/articleView.html

12) https://www.idomin.com/news/articleView.html

하는 것이 신세대협동조합이다.[13]

이뿐만 아니라 조합원이 생산한 물품이면 모두 받아들였던 전통 방식을 벗어나 계획수량을 책정하고 그것에 맞춰 출하를 허용하는 식의 통제가 이루어지는 것이 신세대협동조합의 일례이다.

신세대협동조합의 특징을 살펴보면[14]

첫째 자본조달 측면에서 조합원의 출자 자본을 조달해야 하는 원칙에서 조합원 이외의 투자자들에게 무의결 우선주를 발행하는 것이다.

둘째 출하권 측면에서 출자를 해야 조합에 농산물 등을 출하할 수 있는 권리가 생긴다. 따라서 출자가 없는 조합원은 농산물 등을 출하할 수 없다. 또한 조합원이 계획에 따라 의무수량을 출하하지 못할 경우 외부에서 부족분을 구입하기 때문에 이에 대한 비용을 조합원이 부담하게 된다.

셋째 조합은 출하에 있어 조합원의 수와 출하수량을 제한할 수 있다. 조합과 조합원 간에는 권리와 의무를 규정한 마케팅협약을 바탕으로 사업을 추진한다. 조합원이 조합을 탈퇴하거나 출자금을 감축하는 경우, 이때 조합원은 주식을 다른 생산자에게 양도할 수 있다.

26. 축구 클럽 협동조합

축구클럽 협동조합이란 축구 클럽 경기를 활용해 관람객을 모으

---

13) https://www.hani.co.kr/arti/economy/economy_general

14) 미국 농업협동조합의 현황과 사례, 김동환

고, 이를 통해 입장료나 관람 관련한 상품 판매 등을 수입원으로 운영되는 협동조합을 말한다.

대표적인 사례로 스위스의 FC바르셀로나가 있다.[15]

1899년, 요한 감퍼를 주축으로 다수의 스위스, 스페인, 독일, 그리고 잉글랜드의 축구인이 창단한 바르셀로나는 카탈루냐 문화와 카탈루냐 민족주의의 상징으로 이는 구단 좌우명인 "구단 그 이상(Més que un club)"으로 나타낸다. 다른 대부분의 축구단들과 대조적으로, 지지자들이 구단주로서 구단을 운영한다.

축구 팬이 조합원이며, 조합원은 최고의사결정기구인 총회에 참석해 연간 보고서, 장기 계획, 예산 등을 결정한다.

조합원들이 정당하게 대우받고 있는지를 조사하는 조합원들의 옴부즈맨 제도도 두고 있다.

조합원들은 바르셀로나 경기 입장료를 할인받고, 관중이 몰릴 때는 입장권 구입 우선권을 보장받는다.

바르셀로나의 수입구조는 텔레비전 중계료, 입장료, 스폰서 협찬, 박물관 수입 등으로 짜여 있다.

이익이 나면 주식회사처럼 주주에게 배당하는 게 아니라 시설 개선에 투자한다고 한다. 조합장격인 클럽회장은 조합원들이 6년마다 선출한다.[16]

27. 청소년서비스협동조합

청소년서비스협동조합이란 청소년들을 대상으로 협동조합에 대

---

15) https://ko.wikipedia.org/wiki/FC

16) 스페인 프로축구팀 'FC 바르셀로나'. 권혁철(2012)

한 체험프로그램과 서비스를 제공하는 협동조합이다. 정부나 지원기관 또는 교육기관 등의 지원을 받아 운영된다.

대표적인 사례로 캐나다 퀘백의 청소년서비스협동조합을 들 수 있다.

청소년서비스협동조합(Cooperatives Jeunesse de Services)을 통해 젊은 세대들이 협동조합에 대해 배울 수 있는 기회를 만들어 주고 있다.

약자 명칭인 CJS은 1983년 온타리오 주에서 시작한 모델로 퀘벡에서는 1988년에 시작되었다. 주정부와 다양한 지원기관이 협력하는 프로그램으로, 14세부터 17세의 청소년들이 참여한다.

스스로 사업을 구상하고, 재원을 모으고, 협동조합을 직접 운영해봄으로써 민주주의와 기업가정신에 대해 배울 수 있도록 하고 있다. 또한 향후 협동조합을 창업할 수 있는 기회도 제공한다. 지역사회도 이러한 프로젝트를 통해 다양한 서비스를 제공받을 수 있다.

28. 언론협동조합

언론협동조합이란 언론기관들이 뭉쳐 조합을 구성하는 형태이다. 그 밖에 조합원으로 명예기자나 시민기자, 종사자 등이 있다.

대표적인 사례로 미국의 AP통신사가 있다.[17)]

AP(Associated Press)는 미국연합통신사美國聯合通信使로 미국 뉴욕에 위치한 다국적 비영리 통신사이다. 미국에서 가장 오래된 최대의 통신사이기도 하다. 1846년 5월에 신문사와 방송국 등의 언론기관

17) https://ko.wikipedia.org/wiki/AP

이 조합원이 되어 협동조합 형태로 설립되었다.

당시에는 유럽에서 미국으로 유입되는 정보를 좀 더 효율적인 방법으로 수집하기 위해 신문사들의 합의로 항구뉴스협회(Harbour News Association)라는 이름의 미국 최초의 언론통신사가 만들어지게 됐고, 나중에 AP통신(Associated Press)으로 개칭됐다.

2005년 기준으로 미국 내 약 5,000개의 텔레비전 방송국과 라디오 방송국, 약 1,700개의 신문사와 기사 제휴 계약을 맺고 있다. 그리고 전 세계에 243개의 지국을 운영하고 있고, 121개국에서 기자들이 활동하고 있다.

연합통신은 언론사의 협동조합이다. 미국 내 각 언론사는 연합통신을 통해서 자신의 기사를 다른 회사에 보내기도 하고, 연합통신으로부터 기사 공급을 받기도 한다. 대부분의 회원사들은 자신이 생산한 뉴스를 연합통신이 다른 회사에 배급하는 걸 특별한 절차 없이 승인해준다.

미국 국외의 방송국이나 신문사는 연합통신의 가입자일 뿐, 협동조합 회원은 아닌 만큼 요금을 내고 연합통신의 기사 서비스를 받는다.

제2장

협동조합의 효시

제2장 협동조합의 효시

제1절 효시 이전의 조합 길드(guild)[18]

1. 개념

길드는 상공인들이 조직한 조합이다. 활동 시기는 중세에서 근세까지로 보고 있다. 지금도 일부는 존재하고 있다고 본다. 전형적인 길드의 직접적 기원은 10세기 중엽 내지 11세기 이래 서유럽에서 재력 있는 상인들이나 기술을 지닌 장인들끼리 어울려 서로의 이익과 권리를 보호하기 위해 결성한 조직이다. 카롤루스 대제 시기의 법령에서 유사한 서약단체가 존재했음을 볼 수 있다.

활동지역은 유럽의 도시를 중심으로 이루어진 것으로 보고 있다. 길드는 사업권 면허를 이용해 해당 지역의 경제권을 독점하였다.

초기의 길드는 동업자 조합 형태로서 일반적으로 한 도시를 거점으로 단일 품목을 거래하였다.

길드에는 직능조합이나 비밀결사 등과 같은 여러 형태의 조합이 있었다.

길드는 군주나 영주 또는 해당 지역의 통치자가 발급한 특허장으로 사업 허가를 받아 조직되었다. 조합원의 충원, 도제의 고용과 훈

18) https://ko.wikipedia.org/wiki

련, 생산 도구의 소유와 관리 등에 있어서는 자치권을 인정받아 행사하였다.

길드가 부정한 거래를 하다가 발각된 경우, 그 회원에 대해서는 추방할 수 있었다. 일반적으로 길드의 활동은 정부의 규제를 받았다.

길드의 특권으로는 해당 도시에서 재화와 용역의 거래에 대해 독점적 지위를 가졌다. 길드는 상품의 최소와 최대 가격, 거래의 개시와 종료 시간 등을 결정하였으며, 도제의 수를 제한하였다.

그 밖에 다른 여러 가지가 길드의 결정에 따라 정해졌다. 예를 들면 이익을 위해 자유로운 경쟁을 규제하거나 품질 기준을 마련하였고 도제 채용의 심사를 통해 이주민이나 여성의 고용을 배제하기도 하였다. 곳에 따라서 종교인이나 인종에 대한 차별을 두어 경제 활동을 제한하는 길드도 있었다.

중세는 사회의 여러 분야가 길드의 분업에 의해 이루어졌다. 세계 최초의 대학으로 1088년 설립된 볼로냐 대학교, 1096년 무렵 세워진 옥스퍼드 대학교, 1150년 무렵 시작된 파리 대학교 등이 길드로서 출발한 것이었다.

도제제도는 유럽 중세도시의 상인이나 수공업자의 동업조합이었던 길드 내부에서 후계자 양성을 위한 기술적 훈련의 실시와 더불어 동업자간의 경제적 독점을 목적으로 하여 설립된 제도였다.

이러한 동업조합에서는 상점 주인이나 독립된 장인으로 성장하기까지 도제에서 출발하여 직인職人의 단계를 거쳐 장인匠人으로 승격되는 3단계를 밟도록 되어 있었다. 도제란 이러한 과정의 첫 단계이며, 그 기간은 직종에 따라 일정하지 않았다. 대체로 연기계약年期契約에 의거하여 주인집에서 숙식을 하면서 직업상 필요한 인격적 교육과 기능의 습득에 종사하였다. 정해진 수습기간을 끝낸 직인은 제작품을 제출하고, 이것이 통과되어야 동업조합에 가입할 수 있었다.

2. 길드와 여성

대부분의 경우 여성은 길드 참여에 제한을 두었다. 현장에서 일할 수 있는 여성은 대개 과부나 마스터의 딸 정도였다. 길드가 여성을 회원으로 받아들였다 하더라도 길드 사무소에 출석하는 것은 거부되었고, 숙련공으로서 인정받을 수도 없었다. 그러나 많은 시간이 흐르면서 이러한 풍토는 점차 완화되었다.

15세기에 런던에서는 여성이 비단 길드를 운영하였던 기록이 있다. 루이 14세 치하의 파리에는 110여 개의 길드가 있었는데 이 가운데 5개는 여성에 의해 운영되었다.

그러나 이런 사례는 이례적인 것이었고, 여성의 전반적 지위가 낮았던 중세시기에 있어, 여성은 치료사 길드에 가입하려면 큰 장벽을 넘어야 했다. 당시 의료 행위는 남성이 주도하는 가운데 여성에겐 보조적 역할만이 주어졌다.

상업 길드나 장인 길드는 일반적으로 여성의 입회를 거부하였다. 이는 여성이 독자적인 경제활동을 할 수 없었음을 뜻한다고 볼 수 있다.

3. 형성

길드와 유사한 상공업 조합의 기원은 고대 로마 시대에 콜레지움

(collegium), 콜레지아(collegia), 코르푸스(corpus) 등이 있었는데 중세 유럽의 길드와 달리 정부가 인가를 하고 감독하였다. 국가의 공권력과 질서 유지 차원에서 이들 조합은 계획적으로 활용되었다. 길드와 비슷한 성격이었지만 기능적인 차이가 있었다.

중세 도시는 지역 상공업의 거점으로서 직물공, 석공, 목수, 조각가, 유리 공예가 등의 많은 장인들이 모여 있었다. 이들은 동업자끼리 조합을 만들고 자신들의 기술 비밀을 지키면서 상품 거래에 따른 사항들을 조정하였다. 숙련된 장인이자 생산도구를 소유한 마스터는 도제와 직인을 고용하여 자신의 물품을 생산하였다. 길드는 이들 마스터들이 결성한 조합이다.

4. 조직 형태

길드는 크게 보아 상업 길드와 장인 길드로 구분할 수 있으며, 그 외에도 다른 형태의 길드들이 있었다. 상공업과 관련 없는 길드의 예로 잉글랜드에는 그 누구도 다른 사람을 해칠 수 없는 프리스(Frith)가 있었으며, 종교길드가 이를 관리하였다. 본격적인 길드의 형성은 중세에 이루어졌다.

노르만의 잉글랜드 정복과 함께 유럽 대륙의 길드 풍습도 잉글랜드에 도입되었다. 길드는 그대로 지방 자치의 토대가 되었다.

5. 성장

중세시기를 거치며 길드는 여러 종류의 자치권을 획득하였고 도시 운영에 깊이 관여하였다. 중세 도시 내에서 상행위는 길드 회원과 각종 전문직에 종사하던 리버리(Livery)에게만 허용되었다.

리버리란 중세에 마부나 하인, 관리인들이 착용하던 정장 차림의 제복을 말한다. 길드는 이러한 특권을 바탕으로 도시의 자유를 얻었다.

중세의 도시는 봉건 귀족들과 수도회의 이권이 관계되어 있는 곳이기도 했기 때문에 어느 한 통치자가 맘대로 결정하기는 어려웠다. 귀족 또는 대주교 중 어느 누가 형식적으로 도시의 통치권을 대표한다고 하더라도 행정 관할은 여러 세력이 나누어 갖는 경우가 많았다.

이러한 관계 속에서 지방 정부는 도시민에게 자치권을 부여하였고, 길드는 이러한 자치권을 이용하여 자신들의 재화에 대한 독점적 지위를 가졌다. 도시의 자유는 지역에 따라 1835년까지도 유지되었다. 도시 주민이 갖는 특권적 자유가 근세 도시인구 증가의 한 원인으로 보고 있다.

6. 발전

중세 도시의 경제는 길드의 통제에 있었지만, 길드에 속하지 않은 상인과 장인들도 자유롭게 거래할 수 있도록 하였다. 길드가 통제하는 도시에서는 직공의 수, 생산량, 거래량 등을 엄격히 규제하였으며 도제 제도를 통해 장인을 육성하였다.

길드는 나이 어린 수습생을 도제로 받아들여 교육하고 일정 기간이 지나 시험을 통과하면 직인의 자격을 부여하였다. 직인은 계속하여 같은 길드에서 일하기도 했지만 프리랜서(freelancer)가 되거나 여행을 떠나 다른 곳에 자리를 잡기도 하였다.

프리랜서란 조직이나 회사에 고용되지 않은 상태로 일하는 특정한 분야의 전문가를 말한다. 가장 높은 지위는 마스터로 불렸으며 길드 운영에 관여하였다. 후기가 되면 직인은 의례적으로 3년간의 직공 여행을 떠나야 했다.

길드의 발달과 함께 상업이 성장하면서 상인 자본이 주도하는 수공업이 발달하기 시작하였고, 섬유 산업과 같은 공장제 수공업도 등장하였다.

7. 조직

대 길드의 종목은 모섬유, 비단, 환전 등이다. 그들은 높은 품질을 유지하였고, 그 대가로 상품의 가격 역시 비쌌다. 의사, 약사, 모피상 등이 대 길드에 속했다. 베이커리, 안장 제조, 제철공 등의 장인들은 소 길드에 속했다. 소 길드도 상당한 수의 회원들로 이루어져 있었으나 정치적인 위치는 낮았다.

길드는 자신의 도제분야에서 기술을 교육하여 전수하고 직업적 경력을 쌓을 기회를 제공했다. 도제는 오랜 기간 단순 비숙련 업무에 종사하면서 기술을 익혔는데 길드는 도제가 중간에 그만두거나 길드의 기술적 비밀을 훔치지 않을 것이라는 믿음이 생기기 전까지는 본격적인 기술 전수를 하지 않았다.

중세의 길드는 자격을 부여 받거나, 도시 정부 또는 지방 지배자의 특허장을 받아 법적 지위를 보장받았다.

중세 시대의 상공업은 엄격한 규제 아래 이루어졌으며 도시 정부는 길드와의 회의를 통해 재화 공급량을 결정했다. 이로 말미암아 길드는 생산물에 대한 독점적 지위를 유지하고 지정된 경로를 통해서만 재화를 유통시킬 수 있었다. 이러한 생산 통제와 품질 관리로 인해 지역마다 명산품이 생겨나게 되었다.

프랑스의 포도주로는 샹파뉴와 보르도, 유리 공예는 홀란트, 레이스 편물은 샹티이라고 알려졌다. 길드는 상품에 인장의 일종인 실(seal)을 달아 품질을 보증하였는데, 이것이 오늘날 상표의 기원이 되었다고 한다.

8. 몰락

14~15세기에 들어서 르네상스와 종교개혁이 발생하면서 길드는 점차 몰락했다. 16세기 절대 왕정이 성립하고, 중상주의 정책이 실시되면서 새로운 시장과 큰 자본가로 인하여 수공업 길드들은 약해졌다. 17세기 유럽 전역에서는 새로운 길드들이 설립되고 있었으나, 상인들은 길드를 만들기보다는 자본을 갖춘 기업가가 됨에 따라 상인 길드의 중요성이 점차 힘을 잃어갔다.

기술혁신과 기계에 의한 대량생산으로 수공업 길드는 점차 독점적 지위가 와해되었다. 길드 연맹체 중 하나였던 한자동맹도 바로 이 시기에 와해되었다. 한자동맹Hansa同盟이란 13~15세기에 독일 북부 연안과 발트해 연안의 여러 도시 사이에 이루어진 도시 연맹을 말한다.

18세기에는 산업혁명이 시작되면서 기계화로 인한 생산력 향상으로 길드는 점점 영향력을 상실하게 되었다.

1791년에 있었던 '노동의 자유에 관한 선언'은 폐쇄적인 길드 체제가 구시대적임을 보여주는 사건이 되었다. 1798년 제1회 산업박람회에서 폐쇄적 지역산업의 상징인 길드는 설 자리를 잃었고, 1840년 스페인, 1859~60년에 독일과 오스트리아, 1864년에 이탈리아 등에서 길드를 폐지하는 법령이 제정되었다.

19세기에는 길드의 독점권이 사라지고 회사령에 의하여 근대 기업들이 형성되었다. 길드는 경제 주체로서의 자격을 상실하였고, 길드의 특허장의 발급은 지금의 특허와 저작권으로 대체되었다. 이 변화는 국가가 기업의 영업 비밀을 보장하면서도 기업 자체의 특수 지위는 부정하는 것을 특징으로 한다. 오늘날 대부분의 국가는 기업에 대해 오히려 독점금지법과 같은 경쟁법을 제정하여 독과점을 규제하고 있다.

9. 영향

길드는 재화의 생산에 따른 생산 도구와 인력을 자체 조달하고 재화의 생산도 자율로서 조절하였기 때문에 오히려 현대의 카르텔에 가깝다고 볼 수 있다. 직인들은 노동 시간과 같은 것을 두고 마스터와 협상을 벌이고 단체 행동을 하였기 때문에 훗날 노동조합의 형성에 영향을 주었다고 볼 수 있다.

기업의 조직과 규제에서 특허나 영업 비밀 같은 개념은 길드의 운영에서 유래한 것이다. 특히 영국은 1624년부터 특허장에 의한 회사 설립 체계를 갖추었다. 이를테면 영국 동인도 회사와 같은 조직도 특허장에 따른 회사였다.

유럽의 일부 수공업은 지금도 길드로서 운영된다. 예를 들면 신발을 만드는 제화나 이발사와 같은 직업이다.

길드의 영향은 긍정적 측면과 부정적 측면이 있다. 긍정적 측면에서는 길드가 중세 전기의 경제적 침체를 극복하였으며 유럽의 상업적 발전에 기여하였다고 보고 있다. 부정적 측면에서 볼 때 길드의 성장은 정치적 권력에 의한 배타적 독점권 때문에 길드 회원 이외의 상업 활동을 억압하였다고 지석하고 있다.

10. 지금의 협동조합과 유사점

가. 일정 자격과 기준에 의한 조합원(회원) 구성

나. 단일 품목에 의한 품목별 조합 형태

다. 조합의 설립에 있어 인가 사항

라. 정부의 지원과 규제

마. 조합의 운영에 있어 자치권을 인정한 자생조직

바. 지역사회에 영향력을 가짐

사. 생산물품 등의 가격형성

아. 조합원끼리의 권익보호 결성 조직

자. 노동조합의 형성에 영향

제2절 효시 이전의 조합형태 주식회사

1. 최초의 주식회사

동인도회사東印度會社(East India Company)는 대항해 무역시대에 유럽의 여러 나라에서 설립되었다. 목적은 아시아 지역의 진출을 위한 무역 회사였다. 16세기 최대의 무역항로는 인도, 중국, 동남아 일대이었다. 이들 회사는 대개 국가로부터 특권을 보장받아 아시아를 대상으로 무역활동 등을 하였다. 회사 자체적으로 용병을 두어 무역활동을 하는 나라도 있었다.

영국의 동인도회사는 1600년 런던의 상인들이 중심이 되어 설립되었다. 엘리자베스 1세로부터 특허를 얻어 동인도 지역 무역의 독점권을 얻었다.[19] 그 뒤로 네덜란드 1602년, 덴마크 1616년, 포르투갈 1628년, 프랑스 1664년, 스웨덴 1731년, 오스트리아 1775년에 각각 설립되었다.[20]

여기에서는 네덜란드 동인도회사에 대하여 살펴보기로 한다.

네덜란드 동인도회사는 동아시아와 교역에서 많은 부를 누렸다. 그러나 회사를 운영하기 위해서는 그에 비례하여 많은 자금이 필요하였다. 처음에는 의회와 상인들만으로 재정을 마련하였으나 더 많은 자금이 필요하였다. 이에 뜻이 있는 국민들에게 돈을 투자 받아 대 선단을 조직하였다. 여기서 투자금에 대한 이익금 분배가 문제

19) https://ko.wikipedia.org/wiki

20) https://ko.wikipedia.org/wiki

되어 종이로 된 권리 증서를 만들게 되었다. 이것이 지금의 증권이 된 것이다. 즉 주식거래가 이루어짐에 따라 세계 최초의 주식회사가 된 것이다. 이로 인해 주식을 거래하기 위하여 세계 최초로 증권거래소가 생겨났다.

네덜란드 동인도회사는 은행, 증권거래소, 유한회사를 하나의 금융 체계로 통합시켜 폭발적으로 돈을 끌어모았다. 전성기인 1670년대 회사는 150척의 상선, 40척의 군함, 50,000명의 직원과 10,000명 규모의 군대를 거느린 거대 조직이 되었고, 회사의 주식은 배당금으로만 액면가의 40%를 배당하는 큰 수익을 올리게 되었다.[21)]

회사의 번영은 17세기 네덜란드의 세계적 지위의 상징이었으나, 17세기 후반 이후 네덜란드와 영국과의 대립에서 점차 인도를 거점으로 하는 영국 세력에게 압도되었다. 1799년 동인도회사는 결국 해산, 네덜란드 정부의 직접 지배를 받게 되어 네덜란드령 동인도라고 부르게 되었다.[22)]

2. 네덜란드 동인도회사가 남긴 영향

가. 자본 모집 및 배당 방법

네덜란드 동인도회사(VOC)는 최초로 주식을 발행한 회사 중 하나이다. VOC는 해외 무역 투자를 위해 개인 투자자들로부터 자본을 모았고, 이들에게 회사의 수익금에서 나오는 순이익금을 배당하

---

21) https://namu.wiki/w

22) https://ko.wikipedia.org/wiki

는 방식으로 운영되었다. 이는 지금의 주식회사와 매우 유사한 자본 조달 및 소유 구조이다.

나. 법적 구조

회사가 법적인 틀 안에서 운영될 수 있는 권리와 재산을 가진 법인으로 인정받았다. 따라서 회사가 독립적인 법적 주체로서 계약을 체결하고, 자산을 소유하는 등 법인격을 가진 것이다. 즉, 법인 구조가 마련되었음을 보여준다.

다. 운영 사례 제공

회사의 성공과 실패를 통해 중요한 사례들을 제공했다. 일례로 회사는 투자자들에게 위험을 분산시키고, 자본을 효율적으로 모집하는 방법을 보여주었다.

라. 기업 환경에 기여

동인도회사가 지금의 주식회사 같은 요소들을 도입함으로써 그 후 주식회사가 경제 활동에서 중추적 역할을 하게 되는 기반이 마련되었다. 결과적으로 전 세계 기업 환경에 영향을 주었고, 금융 시장의 발전에도 기여했다.

제3절 우애 조합

우애조합友愛組合Friendly Society이란 17세기 후반에 영국의 기술자들이 생활 불안에 대처하기 위하여 조직한 상호 부조 조합이었다.

운영은 조합원의 각출금과 기부금에 의해 운영되었고, 조합원과 그 가족의 질병, 사망, 고령화로 인한 생활의 곤란 시에 급여를 지급했다.

당시에도 공적부조제도公的扶助制度가 있었으나 미흡하였기 때문에 다양한 자조 조직이 생겨난 것이다.

공적부조제도란 국가나 지방 공공 단체가 경제적으로 자립할 수 없는 사람의 최소 생계를 보장하기 위하여 공공 부문에서 원조하는 제도를 말한다.

1530년에 상호적 화재보험회사가 런던 등에 있었다. 성공한 사례로는 1696년 영국에 아미커블 컨트리뷰션십(Amicable Contribution ship)이 있었다. 이후 우애조합이라는 상호부조조합(Mutual Aid Society)이 생겨났다. 이 조합은 조합원이 질병, 해고, 사망 시에 재정적 지원을 하였다.

18세기 중반에는 여러 조합이 활동하고 있었다. 1793년 우애조합법이 제정되면서 이들 조합이 법적으로 인정되었다.[23]

우애조합은 19세기에 가장 성행했다. 우애조합에 관한 법률의 제정은 1793년 로즈법(Rose's Act)이 시초였으며 우애조합법은 1869년까지 10차례 개정돼, 조합의 유지, 장려, 자율성 등을 규정했다. 우애조합의 기원을 거슬러 올라가면 고대 로마 및 그리스 장인들의

23) 협동조합론, 이성희(2022)

매장조합에서 뿌리를 찾을 수 있다. 또 중세 길드제도가 상호부조의 정신을 질병에까지 확대 적용한 데에도 그 기원을 두고 있다.

지금의 보험회사나 의료보험제도, 사회보장제도, 노동조합, 공제조합 등의 출현으로 그 기능이 쇠태衰態 하였다.

제4절 협동조합 태동의 영향 인물

1. 로버트 오언(Robert Owen)

협동조합의 아버지로 불리는 로버트 오언은 1771년 웨일즈 변방 몽고메리셔(Montgomeryshire)의 평범한 소도시인 뉴타운(Newtown)에서 일곱 명의 자식 중 여섯째로 태어났다. 당시 그의 아버지는 철물점을 경영하면서 지역 우체국의 국장도 겸하였다.[24]

유년기 시절 그는 별 어려움 없이 자랐다. 이때 그는 다양한 방면에서 공부를 하였다. 축구, 춤 등 육체적인 활동을 즐겼고, 클라리넷 같은 악기도 잘 연주하였다.

어린 시절 받은 학교교육으로는 그 당시 유행하고 있던 랭커스터 교육이 전부였다. 학교에서 성적이 좋았던 오언은 7살 당시, 교장이었던 딕니스가 추천하여 다른 아이들을 가르치는 교사 노릇을 하면서 용돈벌이도 했다.

1780년 그의 나이 10살 무렵 당시의 관습대로 옆집에서 일하다가 1년 후 런던에서 일자리를 가졌다. 그는 포목점 일을 하면서 사

24) https://namu.wiki/w

업에 대한 기술과 감각을 길렀다.

그가 여러 곳의 포목점을 전전하며 점원으로 일하면서 상점 직원들이 혹사당하는 것을 지켜봤다. 이것이 훗날 노동자 권익을 생각하게 하는 계기가 싹튼 것인지도 모른다.

1789년 그가 18세 되던 해에 포목점 일을 그만두고 기계공인 어니스트 존스와 동업을 하였으나 오래가지 못하고 사업관계를 청산하였다. 이때 존스는 오언의 사업지분으로 3대의 뮬 방적기 등을 넘겼다.

오언은 공장 부지를 임대하여 넘겨받은 기계로 새로운 사업을 시작하였다. 사업방식은 시설한 공장에 임대자를 받아들여서 세를 받아 수익을 창출하는 것이었다.

그는 여기에 만족하지 못하고 새로운 기회를 찾았다. 그러던 중 무역상이자 맨체스터의 거대 면화공장의 주인이었던 드링크워터가 자기 공장을 운영해줄 새로운 공장장을 찾는다는 소식을 듣고 찾아가 면접한 결과, 그간의 경력과 실적을 인정받아 공장장으로 채용되었다.

20살 나이에 오언은 연봉 300파운드에 500명의 직원을 거느리는 공장장이 된 것이다.

오언은 공장이 정비되고, 드링크워터의 확실한 신뢰를 얻자 자신이 하려던 일을 시작했다. 그는 공장 기계와 노동자들을 재배치하고, 노동자들의 노동 환경을 개선하였으며, 도덕적 소양의 함양에도 노력하였다.

오언은 환경이 인간을 만든다는 자신의 철학을 시험해본 것이다. 결과적으로 공장 생산량이 늘어나자 훌륭한 환경이 훌륭한 인간을 만든다는 자신의 신념에 확신을 가지게 되었다.

1792년 오언은 갑작스럽게 드링크워터를 떠나야만 하였다. 그 이유는 드링크워터와 오언과의 약속이 어겨졌기 때문이었다.

1800년 그의 나이 29살에 결혼하면서 장인 데이비드 데일로부터 영국 제일의 방직공장인 뉴 라나크(New Lanark)를 물려받았다.

뉴 라나크는 수차방적공장으로 약 2,000명의 노동자가 있었다.

뉴 라나크 경영 때의 오언은 자기의 공장에서 자신의 이상에 대한 실험을 본격적으로 시작했다. 노동자들에게 높은 임금, 도덕성 주입, 정규 교육, 기업 복지를 실행하였다. 이는 노동자들에 대해 교육기회를 제공함으로써 훌륭한 시민으로 성장할 거라는 기대에서이다.

관행처럼 여기던 17시간 노동을 10시간 이내로 줄이고, 12세 이하 어린이의 노동을 제한하였다.[25)]

1816년 성격형성학원(New Institution of the Formation of Character)이라는 유아교육기관을 설립하였다. 영국에서는 최초의 유아학교로 2~6세의 노동자 자녀를 대상으로 하였다. 이 학원으로 인한 성공적 결과는 공장법(Factory Act)를 제정하는 계기를 마련하였다.

친절, 우애, 사회적 봉사정신을 가르쳐서 사람들과 더불어 행복하고 합리적인 성격형성을 위한 유아학교를 목표로 삼았다. 학교는 널리 알려졌고 런던 등 다른 지역에도 설립되었다. 1824년 런던 유아학교협회가 형성되었고, 이를 통해 유아교사들을 위한 교육이 실시되었다.

공장이 위치한 주변에서는 술을 팔지 못하게 하였다. 생활필수품

---

25) 협동조합론. 이성희(2022)

등을 저렴한 가격으로 대량 구입하여 일반 상인보다 값싸게 파는 지금의 소비자협동조합을 조직하여 운영하도록 하였다.

그 후 그는 자신의 사회철학을 완벽하게 구현할 수 있는 계획도시를 꿈꾸기 시작했고, 1817년에 자신이 생각하는 이상적인 도시를 제안하면서 실행해 보기도 하였다.

노동자 스스로 자급자족하는 모범적인 공동사회를 꿈꾸는 협동촌을 건설하여 한때 성과를 보이기도 하였으나 결국 실패하였다.

실패원인으로는 공동생활 운영을 위한 막대한 자본이 필요하였고, 구성원들 간의 공동체 생활 부적응 등이 나타나기도 하였지만, 무엇보다 사유재산 제도 하에서는 격리 촌과 같은 현실과 괴리가 있는 이상 사회였기 때문이었다.

1825년 미국의 인디애나 주에 대지를 구입한 그는 본격적으로 자신의 꿈을 펼치기 위해 자신의 추종자들과 함께 이민을 택하였다. 이곳에서 '뉴 하모니'라는 명칭을 얻었다.

그러나 이곳의 정부 형태나 종교적 견해 등으로 여러 의견이 나오기 시작했다. 이로 인해 오언은 이곳에서 지도자 역할을 할 수 없었다.

그 후 뉴 하모니가 있던 곳은 1965년 미국의 국립 유적지로 지정되면서, 당시의 건물들도 많이 복원 또는 재건되었다.

1828년 뉴 하모니에서의 활동을 접고 영국으로 돌아왔다. 그는 노동자들이 각자 생산한 물품에 대해 생산에 투여한 자본이나 시간 등을 계산하여 물품가격을 결정한 후 서로 물품을 교환하는 '국민공평노동교환소'를 개설하여 운영하였다.

이는 자본가들이 중간 이익을 챙기는 것을 방지하기 위한 것이었다. 그러나 이것도 실패로 끝났다. 이유는 일일이 물품 가격을 산정하는 것이 어려웠으며, 무엇보다 물물교환 방식은 화폐와 시장의 매개를 무시하는 것으로 현실과 맞지 않았기 때문이었다.

그 뒤로 그는 노동조합 운동에 참여해 전국적인 수준의 노동조합을 결성하였다. 그러나 정부와 사업주의 제재로 노동조합 운동은 좌절되었다. 그 이유로 노동자들의 자력에 의한 방식이 아니라 정부나 부유층의 원조 지원에 의탁하여 그 운동을 실행하였기 때문이었다.

1858년, 88세의 나이로 오언은 숨을 거두었지만 그가 꿈꾸었던 공동체 운동과 소비자조합 운동 등은 여전히 현대에도 각광받고 있다.

오언은 모두가 평등하게 어울려 사는 이상적인 공동체 사회를 꿈꾸며, 일체의 종교를 부인하였다. 무엇보다 자본주의를 강하게 비판하였다. 협동조합이나 협동촌 건설을 통해 사회주의 건설의 기초를 마련하면서 사회주의 사상에 많은 영향을 주었다.

사회주의운동이 한창이던 때에 생시몽, 푸리에와 함께 공상적 사회주의자로 소개되었던 것이 오언이다.

생시몽은 1760년 파리에서 태어난다. 1783년 유럽 각지를 여행했고, 여기서 습득한 경험과 지식으로, 프랑스 혁명에 참여했다. 그는 본래 자유주의자였으나, 자유주의에 염증을 느끼고 노동자에 관심을 두게 되었다. 1805년부터 그는 저서를 통해 노동자 친화적인 사상의 발달에 도움을 주었다.

푸리에는 1772년 프랑스 브장송에서 태어났다. 그는 전통 가정을 비웃고 광란의 그룹 섹스 파티를 벌여야 인류의 내재적 욕망을 해방시킬 수 있다고 주장하였다. 그는 우애와 협동에 기초한 사회주의야말로 사회적 성공에 더 큰 도움을 줄 수 있다고 생각했다. 그는 팔랑쥬(Phalanstèrc)라는 공산촌 계획을 수립하여 노동생산성과 경제적 평등성을 달성할 수 있는 체계를 구축하려고 하였다.

그의 사상은 이를 어떻게 이행할 것인가에 대한 방안이 없었다. 기득권층과 노동 계급이 화해하여 “다 같이 잘 사는 평등한 세상을 만든다.”는 이상론에 대해 비판을 받았다.

오언의 공상적 사회주의는 결국 실패로 끝났지만, 최초로 성공한 협동조합인 영국의 로치데일 협동조합을 만든 사람들이 모두 오언주의자였기 때문에 오언은 자연스럽게 협동조합의 사상적 아버지로 알려졌다는 데, 그 의의가 크다 할 것이다.

오언은 유토피아를 꿈꾸는 것에 그치지 않고 실행도 해보았지만, 실패로 끝났다. 그의 뜻대로 철학과 교육, 그리고 실천으로 인간을 변화시키고 공동체를 유지하는 것은 이루어지지 않았지만, 오언과 같은 공동체를 꿈꾸는 이들은 여전히 존재한다고 볼 수 있다.

2. 윌리엄 킹[26]

윌리엄 킹(1786-1865)은 1786년 영국 입스위치에서 중학교 교장의 아들로 태어나 케임브리지 의대를 졸업하였다. 1821년 그가 결혼하면서 처갓집이 있는 브라이튼으로 이사했다. 그는 이 지역에서 의사로 활동하면서 생활이 어려운 사람들을 겪게 되었다. 그때부터

26) 협동조합론, 이성희(2022)

그는 빈민구제에 관심을 가졌다. 그는 의사활동을 하면서 1823년 유아학교를 설립하였고, 1824년에는 빈민구제를 목적으로 브라이트 지구협회를 설립하였다. 1825년에는 브라이튼 직공학교를 설립하여 노동자들의 자녀들을 가르쳤다. 이들 학교는 민간교육기관으로 상당수의 지식인 교사들이 자발적으로 참여하였다. 그 결과 자연과학자, 사회개혁가, 경제학자, 미술비평가, 사회비평가, 후일 협동조합운동의 주역들을 배출하였다. 그러나 3년 후 학생 수의 감소로 학교 문을 닫고 말았다.

그 후 그는 협동조합 보급에 관심을 가지게 되었다. 기부나 지원에 의지한 협동조합 운영은 한계가 있음을 알고 노동자들이 스스로 자립하여 상부상조할 것을 주장하였다.

이런 취지에서 1827년 7월 소비조합을 설립하였다. 노동자 45명의 조합원으로 구성하여 각 개인당 5파운드씩 출자하였다. 그러나 1년 정도 운영하다가 해산하고 말았다. 그 이유를 기독교적 성질이 강한 킹의 사상과 조합원 간의 현실적 요구에 대한 의견 불합치 등으로 본다. 1832년 당시 영국에는 300여 개의 협동조합 방식의 점포가 있었으나 대부분 실패하였다.

그 이유를 들면 협동조합 이익금을 놓고 어떤 방법으로 분배할 것인지에 대한 구체적 방법이 부재한 탓으로 본다. 또한 당시에는 협동조합에 대한 법인격이 부재된 탓으로 인하여 개인 명의로 관리하다 보니 사기를 당하는 경우도 생기고, 매출만을 노리는 외상거래로 인하여 재정이 파탄 나는 경우도 있었다. 개인적인 사정으로 출자금을 빼가거나 점포정리를 통해 나눠 갖는 식의 해산도 있었다. 차티스트 운동 등의 정치활동에 관여하여 조합운영을 소홀히 하기도 하였다. 즉, 점포를 지속적으로 유지하며 운영할 수 있는 제도나 방식을 정립하지 못한 것을 실패원인인 것으로 본 것이다.

그는 이러한 실패를 바탕으로 느낀 것이 먼저 노동자들의 계몽이 중요하다고 생각했다. 그래서 실행한 것이 월간지 발행과 보급이었다.

1828년 5월에는 월간지《협동조합인》을 자신이 편집하여 발행했다. 이 월간지는 1830년 8월까지 제28호 발행되고 폐간되었다. 협동조합발행지의 내용에는 협동조합의 사상과 방법론 그리고 각 지역의 협동조합 소식을 담았다. 폐간 이후 그는 협동조합의 연구에서 손을 떼고 의사로서 소임을 다하다가 생을 마감하였다.

월간지에 발표된 그의 협동조합 사상은 노동자가 생산한 생산물의 가치가 노동가치의 4분의 1 수준의 임금밖에 지급받지 못한다고 보았다. 그 이유로 자본가의 자본금에 의존하였기 때문이다.

따라서 노동자가 자본과 노동을 모두 소유한다면 생산물의 가치를 완전하게 보상받을 수 있다고 보았다. 자본을 다수가 모여 형성한다면, 협동조합이 그 목적을 달성시킬 수 있다고 보았다.

발행된《협동조합인》은 1844년 로치데일공정선구자조합의 창립멤버들이 애독하였을 뿐만 아니라 그 방법론을 상당부분 인용하였다는 데 그 의의가 크다고 할 수 있다.

그는《협동조합인》제1호에서 협동조합의 목적을

1) 빈곤에 대항한 조합원들 간의 보호

2) 노동자들의 안락한 생활 추구

3) 공동자본을 통한 노동자 독립 달성 등을 들었다.

윌리엄 킹의 이론을 몇 가지 살펴보면

첫째, 소비조합 매장을 시작해서 점차적으로 제조업으로 진출할 것.

둘째, 현금거래의 원칙을 고수해서 안정적인 자금운영과 부기(회계 관리와 장부기록 등)를 강조.

셋째, 잉여금을 공동자본으로 적립하고 비분할 자본으로 평가.

넷째, 전임 관리자를 두고, 감사기능을 할 수 있는 감독 조직 등 구성. 단 관리인들은 조합원 중에서 선출.

다섯째, 취급되는 물품은 정직하고 순정한 상품을 취급하여야 함.

킹은 오언과 달리 협동촌의 건설이 아니더라도 자본주의 사회 속에서 조합의 목적을 실현할 수 있다고 보았다.

실현수단으로 오늘날 소비조합과 같은 방식의 점포를 주장하였다. 이 점포를 통해서 싼 가격으로 물품을 구입함으로써 생활비를 줄일 수 있고, 조합원이 직접 만든 물품이나 생산품을 점포에 판매할 수 있다고 본 것이다.

협동조합에 대한 킹의 계획은

1) 조합원들이 정기적으로 회비를 모아서 자금을 조성한다.

2) 자금이 일정액 확보되면 점포를 설립하여 운영한다.

3) 점포운영에서 발생한 이익금은 공동자본으로 다시 사업에 투자한다.

4) 사업 확대로 인하여 발생한 이익금을 자본금으로 조성한다.

5) 일정 자본금이 확보되면 협동촌을 건설한다.

6) 협동촌을 통해 모든 의식주를 자체적으로 해결한다.

영국 협동조합운동의 역사에서 윌리엄 킹은 오언에 비하여 별로 두각을 나타내지는 못하였지만, 그가 발행한 《협동조합인》은 실질적인 운영방법론을 제시하였다는 데 그 공과를 인정하여야 할 것이다.

오언은 거대한 자본을 가지고 비전을 제시했지만, 윌리엄 킹은 경제적으로 어려운 노동자편에서 그 방법을 실질적으로 고민할 수밖에 없었다고 본다.

결론적으로 두 사람 모두 로치데일공정선구자조합을 만드는 토대가 되었다고 볼 수 있다.

뒤이어 설립된 로치데일공정개척자조합을 최초의 근대적 협동조합으로 인식하는 이유는 오늘날 협동조합의 제도와 운용방식으로 하는 기반이론을 선구자적인 위치에서 제공한 것으로 보기 때문이다.

3. 윌리엄 톰프슨(William Thompson)

윌리엄 톰프슨은 영국의 경제학자(1785~1833)이다. 리카도파 사회주의의 중심인물로, 영국의 산업 혁명을 분배의 측면에서 비판적으로 연구·관찰하였다. 저서에 『분배론』, 『노동 보수론報酬論』이 있다.

윌리엄 톰프슨은 인간의 노동과 생산물을 가장 현명하게 배분하는 방법으로 협동조합을 꼽았다. 그는 노동자 계급의 빈곤과 도덕적 타락에 종지부를 찍기 위해 인간의 노동과 그 생산물을 가장 현명하고 건전하게 배분할 수 있는 모순 없는 제도로 협동조합 공동체를 꼽은 것이다.

그는 공동체에 필요한 출자금을 기업가나 지도층에 의존하려고 했던 오언과는 달랐다. 노동자들 스스로가 자본을 마련해야 하며, 위원회를 구성하여 직접 운영에 참여해야 한다고 주장하였다. 모든 문제는 노동자 스스로의 힘으로 해결되어야 한다는 것이 그의 생각이었다. 그의 이론도 로치데일공정선구자조합에 성공의 밑거름이 되었을 것이다.

제5절 시대적 배경

시대적 배경에 있어 로치데일공정선구자조합을 그 중심에 놓았을 때 영국을 비롯한 유럽의 그 당시 상황에 대해 설명할 수밖에 없다.

공업이나 서비스업이 발달하기 전에는 세계 어느 나라에서도 전통적인 농업이 지역 공동체를 기반으로 이어져 왔다. 산업혁명 이전의 시대에는 가내수공업에 의한 자가소비, 물물교환, 소량판매 등 자급자족적인 생활이 대부분이었다.

그러다 생산력이 확대되고 산업이 발전하면서 원거리 무역이 생겨났다. 산업의 발달은 자본의 투자로 이어졌고, 많은 부를 축적하는 이른바 자본주의 체제가 형성된 것이다.

15세기 대서양으로 나가는 항로가 개척되면서 양모의 가격이 크게 상승하였다. 영국에서는 양모 산업과 모방직업이 런던을 중심으로 한 영국의 동남부 지역에서 발전했다. 봉건영주와 지주는 기존의 농작물을 생산하는 것보다는 양모를 생산하는 것이 더 수익이 크다는 것을 알게 되었다.

봉건제도 하에서 공유지는 영주뿐만 아니라 자작농이나 소작농 역시 공유지에서 나오는 산물을 이용할 수 있는 권리가 있었다. 당시 공유지의 토지소유권은 명확하게 구분되지 않았기 때문이다. 항로의 개발과 도시화의 진행으로 농축산물을 거래 할 수 있게 되자 봉건영주나 지주는 많은 토지를 확보하고자 하였다. 우선 그 대상은 공유지였다. 영주와 지주는 폭력과 같은 강압적인 방법을 동원하여 공유지에서 농민을 몰아내고, 경계울타리를 설치하고서 양을 방목했다.

그 결과 이제까지 공유지에서 생활해온 농민들에게는 큰 타격이 아닐 수 없었다. 소작농도 소작지 역시 공유지와 마찬가지로 빼앗겼다. 영국 의회의 입법과정을 통해 이루어졌다지만, 이로 인해 소규모의 농민 다수가 지주에 고용되거나 도시로 일자리를 찾아 떠나야만 했다. 이들은 값싼 노동력의 원천이 되었으며, 그 결과 영국 산업혁명의 요인이 되기도 하였다.

영국은 중앙집권화가 빨리 이루어져 백년전쟁을 지나 이미 15세기에는 봉건제의 해체가 상당히 진전되어 있었다.

인클로저 운동(Enclosure Movement)은 봉건영주나 지주가 공유지와 소작지에서 자작농과 소작농의 토지 소유권을 인정하지 않고 강압적인 방법으로 그들을 축출한 뒤 토지에 경계를 확정하여 배타적인 소유권을 확보하는 것이었다. 이 토지에서 양모를 얻기 위해 양을 방목하거나, 임금노동자를 고용하여 도시에 판매할 농작물을 재배한 것이다.

즉, 인클로저 운동이란 일종의 울타리 치기 운동이었다. 소유 개념이 모호한 공유지共有地나, 서로 간의 경계가 모호했던 사유지 간에 양이나 가축이 도망가지 못하게, 혹은 자신의 소유권을 나타내기 위해 울타리를 친 것이다.

기원은 13세기까지 거슬러 올라가지만, 대개는 16~17세기 튜더 왕조 시대 인클로저를 1차, 의회에 의해 주도된 18~19세기 인클로저를 2차로 구분한다.

참고로 장원莊園이란 유럽에서 중세 시대에 귀족이나 사원이 소유하던 광대한 토지를 말한다.

장원이 성행하던 시대에는 농사를 지을 수 없던 숲이나 들, 임야 등은 모두가 공유하고 있었다. 이 공유지는 흉년기에 먹을 야생 식물을 채취하거나 가축의 방목, 벌목 등을 목적으로 일반 사람들이 이용하여 왔으나, 13세기에서 15세기 사이에 곡물시장의 성장과 토지거래의 증가로 장원이 해체되면서 이들 공유지도 지주들에 의해 사유지가 되어 울타리가 쳐졌다.

이후 중상주의의 대두로 해상무역과 시장을 통해 농산품을 팔 수 있게 되었다. 중상주의重商主義란 국가의 부를 증대시키기 위해 정부가 보호 무역주의의 입장에서 수출 산업을 육성해야 한다는 경제 이론과 정책을 말한다.

면직물의 수요가 늘어나면서 땅을 가진 지주와 부농들은 일손이 적게 드는 목축지를 더 선호하여 농경지를 목축지로 전환하면서 그 자리에 양을 키웠다.

이를 잘 활용한 농민들은 부농이 되었고, 반대로 활용하지 못한 농민들은 빈농이 되었는데, 이 경쟁에서 도태된 농민들은 자기 땅을 팔고 도시로 유입되어 임금노동자가 되기도 하였다.

당시에 토마스 모어는 목축지로 인해 농경지가 줄어들어 일자리를 잃는 농촌노동자가 많아지자 "양이 사람을 잡아먹는다."고 표현하기도 하였다. 그러나 목축지의 증가로 인한 농경지의 감소는 과장된 감이 있다. 오히려 최근의 연구 결과에서는 1차 인클로저시기에 농지가 더욱 증가하였다는 것이 밝혀졌다. 게다가 정작 도시의 노동자는 외지인보다는 주로 도시 출신이거나 인접 지역 출신인 경우가 많았고 농촌에서도 빈농들 대다수가 자기 땅을 팔고 임금노동자가 되었지만 자기 고향을 떠나는 일은 드물었다.

인클로저가 진행되면서 공유지가 침해되고, 이 땅들이 사유지로 나뉘자 더 이상 예전처럼 임목이나 야생식물을 채취하며 생계를 보조할 수 없었다. 이에 공유지에 의존하던 농민들은 대규모 반대운동을 펼쳤는데, 대표적으로 땅의 울타리 등을 부수며 일어났던 1549년 케트의 난(Kett's Rebellion), 1607년 중북부에서 일어난 농민반란, 1607년 뉴턴의 난(Newton Rebellion) 등이 있었다. 16~17세기 말고도, 19세기 의회 인클로저 시대에도 영세민이 많은 지역에서는 이곳 지역민들에 의해 인클로저에 대한 저항과 반발이 심했다.

이런 과정에서 농민층이 분화하여 임금노동자가 생겨나자 농촌에서는 지주와 소작인의 관계 외에도 고용주와 노동자라는 근대적인 근로계약이 자리 잡게 되었다. 이들 농촌의 노동자들 중 일부는 농촌지역의 수공업에 종사하게 되면서 농촌수공업과 상공업 발전에 영향력을 끼쳤다.

전반적으로 인클로저는 영국이 산업혁명을 수행하는 데 필요했던 도시와 농촌의 노동력을 증가시키고, 제도적으로 사유재산권과 근로계약을 확립하는 등 전국적인 산업기반을 마련해주는 계기가 되었다.

인클로저 운동 때문에 더 이상 농사를 짓지 못하게 된 농민들은 빈민으로 전락하여 부랑민으로 떠돌기도 하였다.

한편, 도시로 몰려든 농민들 중 일자리를 잡은 사람들도 있었지만, 그렇지 못한 노약자 등은 각종 사회문제로 대두되었다. 이런 시기에 빈민들을 효율적으로 관리하고 통제하기 위한 목적으로 만들어진 것이 1601년의 엘리자베스 구빈법이다.

1688년에 있었던 명예혁명 이후 군주제를 타도하는데 성공하면서 인클로저 운동은 더욱 가속화되었다. 휘그당의 주도로 자유주의 성향의 소유권 법령이 제정되면서 대규모 토지 소유화는 가속화되었다. 인클로저 운동은 19세기 중반에 거의 종결되었다.

인클로저 운동으로 우선 토지의 집적도가 높아지고 농업자본주의가 발달했다. 이윤이 생산에 재투자 되다 보니 자연히 농업과 관련된 농구農具나 기계의 발전이 일어나면서 종국에는 산업혁명의 기초가 되었다.

영국 의회는 1799년 '단결금지법'을 제정해서 노동자들의 노동조합 결성, 집단교섭, 파업 등 일체의 집단행동을 금지해 놓았다.

인클로저 운동으로 많은 농민들이 도시로 나가 일하게 되었는데 이러다 보니 자연스레 잉여 노동력이 넘쳐나게 되었다. 자본가들은 생존의 위기에 처한 이들 도시빈민들의 절박함을 이용해서 저임금에 하루 12시간이 넘는 장시간 노동을 시켰다. 이에 불만을 품은 노동자들이 1811년 기계파괴 운동을 일으켰다.

러다이트 운동(Luddite Movement)은 1811년에서 1817년까지 있었던 기계파괴 운동이다.

러다이트 운동은 산업 혁명으로 자본주의 시장경제가 자리잡아가던 영국에서 노동자들이 자신들의 권익을 요구하면서 일어난 최초의 노동운동이었다.

러다이트 운동의 실패 이후 1830대에 노동자들은 보통선거를 요구하는 차티스트 운동을 선개하기 시작했다. 19세기 말 이 차티스트 운동으로 결집한 노동자들이 마르크스주의와 맞물린 정치세력이 되어 영국 노동당을 출현시켰다.

1760년에 협동조합과 유사한 사업체가 있었다. 18세기 말에는 구매협동조합이 생겨났다.

로치데일공정선구자조합의 탄생 배경에는 영국의 산업혁명을 빼놓을 수 없다. 먼저 산업혁명에 대해 설명하고 넘어가야 할 것 같다.

산업혁명이란 제조기계의 발명과 기술의 발달로 산업생산력이 급속도로 증대되는 것을 말한다. 산업혁명은 18세기 영국에서 시작되었으며 사회적으로나 경제적으로 획기적인 변화를 가져왔다.

발명품으로는 증기기관蒸氣機關(Steam engine)을 들 수 있다. 이는 외연 열기관으로, 수증기의 열에너지를 기계적인 기술 에너지로 바꾸는 장치이다. 1705년 영국의 발명가 토머스 뉴커먼이 발명했고, 1769년에 제임스 와트가 개량했다.

증기기관은 제조 기계장치 등의 광범위한 동력 사용을 가능케 하였다.

다음은 영국의 방적기의 발명을 들 수 있다. 영국의 방적업자 겸 목수였던 제임스 하그리브스가 만든 제니방적기는 한 사람이 한 번에 8가닥의 실을 뽑아낼 수 있도록 고안된 기계의 탄생으로 방적 효율은 8배로 올랐으며, 이렇게 시작된 기계에 의한 대량생산은 산업혁명의 신호탄이 되었다.

가발 제조공 이었던 리처드 아크라이트는 수력방적기를 발명하였다. 아크라이트가 만든 신형 방적기는 인력이 아닌 수력으로 가동됐다.

발명가 새뮤얼 크롬턴은 뮬 이라는 방적기를 발명하였다. 제니 방적기와 수력 방적기의 장점을 합친 것이다.

방적기는 실을 뽑아내는 기계를 말한다.

영국의 에드먼드 카트라이트는 자동화된 직조기를 발명하였다. 직조기는 실을 엮어서 천을 만드는 기계를 말하며 방직기紡織機(spinning and weaving machine)라고도 한다.

산업혁명이란 용어는 1844년 프리드리히 엥겔스가 처음으로 사용하였고, 1884년 영국의 역사학자인 아놀드 토인비가 '영국의 18세기 산업혁명'이란 강의에서 이를 구체화함으로써 널리 사용하게 되었다.

산업혁명에 영향을 준 인물로 아담 스미스(Adam Smith)를 빼놓을 수 없다. 그는 1723년 스코틀랜드의 케르커디에서 태어났다. 그의 유명한 저서로 『국부의 역사』, 『국부론』 등이 있다. 『국부의 역사』에서 생산과 분배, 가치와 가격 형성에 대한 원리를 폈다. 『국부론』

에서는 자유시장경제의 원리를 설명하였다. 아담 스미스는 현대 경제학의 창시자로 일컬어진다.

산업혁명으로 인하여 많은 노동력이 필요함에 따라 노동자의 희생과 고충이 따르게 되었다.

살인적인 노동시간과 열악한 주거조건, 작업환경, 어린 나이(12세 이하)의 노동, 저임금, 무지한 생활 등은 많은 사회문제를 도출하였다.

또한 질 낮은 생필품을 비싼 가격에 사야 하고, 물량을 속이거나 불량 물품 등 부정한 거래가 일반화된 어려운 시기였다.

당시 영국의 로버트 오언은 산업현장에서 이를 해소하고자 많은 연구와 함께 노력을 하였고, 실행도 하였던 인물이다. 무엇보다 협동조합의 필요성을 강조하였다. 그 영향으로 후일 로치데일공정선구자조합이 태동한 것으로 본다.

제6절 협동조합의 효시 로치데일조합의 탄생

생활고에 처한 영국의 노동자들은 환경개선을 위해 다양한 시도를 해 보았다. 그러나 이런 노력에도 불구하고 대부분 실패로 끝났다.

이런 절망적인 상황에서 로치데일 지역의 노동자들은 새로운 공동체를 만들기로 결심한 것이다. 이 공동체의 방향은 생산과 소비를 통합하여 구성원의 이익을 누리자는 것이었다.

그전에도 협동조합 형태의 조직들은 존재했었지만 조직적이고 발전 지향적이지는 못했다.

1. 발단

1840년대 초반 로치데일에서 직조공들이 임금 인상을 위한 위원회를 구성하고 매주 2펜스씩 회비를 받았다. 그러다 임금협상에서 실패하자 일부 회원들이 이 회비를 나눠 갖자고 하는 과정에서 협의 끝에 협동조합 사업을 해 보자는 데 결론을 내렸다. 그때 당시 주장자는 제임스 달리, 찰스 호와스, 제임스 스미시즈, 존 힐, 존 벤트 5명이었다.

선구자들은 질병매장조합법에 준용하여 '로치데일공정선구자조합'이란 명칭으로 1844년 10월 24일 등기했다.

2. 명칭 해설

로치데일공정선구자협동조합이라는 명칭은 3개 부분으로 나눠서 설명할 수 있다.

1) 로치데일 - 산업혁명의 발상지인 맨체스터 인근의 '로치데일'이라는 지명을 딴 것이다.

2) 공정 – 정직하고 올바른 거래 즉, 공정 거래를 말한다.

3) 선구자 - 어떤 일이나 사상에 있어 그 시대의 다른 사람보다 앞선 사람을 일컫는 말로 구성원 28명을 이르는 말이다. 28명을 직업적으로 분류해 보면 방직공장 노동자, 신발수선공, 재단사, 목수 등

이 있었다. 이들 중 출신성분으로는 사회주의자, 차티스트 운동가, 종교지도자, 노동운동가 등이 있었다.

4) 조합 – 협동조합

3. 자금조성 과정

1년에 걸쳐 매주 일인당 2펜스씩 모았다. 출자금은 일일이 조합원의 집을 방문하여 수금하였다. 이렇게 일인당 1파운드씩 28명이 28파운드의 출자금을 조성한 것이다.

4. 조합 결성 3원칙[27)]

로치데일의 노동자들은 조합 결성 전 발기인회 협의를 통해 3원칙을 채택하였다.

1) 시중 가격으로 공급할 것.
2) 현금으로 거래하고 영수증을 발급할 것.
3) 출자금이 아닌 구입한 실적에 따라 이익금을 배분할 것.

가. 로츠데일 선구자조합의 창립규약[28)]

제1조 공정개척자회는 1인 1구좌 당 1파운드의 출자금을 모아 회원들의 금전적, 사회적 여건을 개선하기 위하여 다음과 같이 제도

27) https://blog.naver.com/PostView.naver?blogId=coop

28) 협동조합 참 쉽다. 이대중(2016)

를 갖춘다.

1) 식료품과 의류 등의 판매를 위한 매장을 개설한다.

2) 회원 가족의 경제적 여건을 개선하기 위하여, 서로 돕는 회원들과 함께 거주할 주택을 건축하거나 구입한다.

3) 실직했거나 계속적인 임금 삭감으로 고통 받는 회원들의 일자리를 마련하기 위하여 공정개척자회가 결정한 제품을 제조하기 시작한다.

4) 회원들에게 더 많은 안전을 제공하기 위하여 토지 또는 부동산을 임대할 것이다. 이 토지는 일자리가 없거나 임금이 낮은 회원들이 경작하도록 할 것이다.

5) 재화의 생산과 분배, 교육 등을 통하여 자립적인 자치거주지를 설립할 것이다. 우리 회는 다른 협동조합을 도와 우리와 같은 공동체들을 만들어 나가도록 지원할 것이다.

6) 금주문화를 장려하기 위하여 여러 건물 중 일부를 지정하여 금주 실을 열 것이다.

5. 사업장 마련

1844년 12월 21일 3년 계약으로 허름한 창고를 연 10파운드에 빌려서 식품가게를 차렸다. 계약 당시 창고 주인은 협동조합을 신뢰하지 못했기 때문에 조합원 중 '찰스'라는 명의로 임차계약을 체결하였다고 한다.

6. 최초 진열 품목

버터 25kg, 설탕 25kg, 밀가루 6봉지, 곡물가루 1봉지, 양초 24개 등으로 진열된 상품이 전부였다.

7. 초기의 매장 운영

초기 매장은 매주 월요일과 토요일 저녁에 두 번 문을 열었다. 초기에는 조합원을 제외하고는 물건을 사러 오는 사람은 없었다. 3개월이 지나면서부터는 매주 화요일을 제외하고는 매일 열렸으며, 차와 담배 등도 판매 되었다.

초기 매장물품은 질도 떨어지고 가격도 비싸서 조합원들마저도 이용을 회피할 정도였다.

보다 못한 제임스 달리는 조합매장을 이용하지 않는 조합원을 제명하자는 의안을 냈지만 찰스 호와스의 반대로 부결되었다. 그 이유는 자발적인 조합원의 의지와 자유를 존중해야 한다는 것이었다.

8. 1860년 로치데일협동조합 운영원칙

성장을 거듭하며 조합의 원칙과 규율은 계속해서 보완됐고 1860년에는 오늘날 협동조합 제도와 운영원칙의 뿌리라고 평가받는 '로치데일협동조합 운영원칙'을 발표하였다.

■ 로치데일협동조합 운영원칙(1860)

제1원칙 민주적 운영 - 조합원은 1인 1표의 의결권을 가지며 성별 평등 준수

제2원칙 개방된 조합원 제도 – 자격요건만 갖추면 소액출자로도 조합가입 가능. 자본금은 조합원의 출자에 의함

제3원칙 출자에 대한 배당 제한 - 출자에 대한 이자는 5~8% 이하로 제한

제4원칙 이용고 배당 - 이윤 발생 시 각 조합원의 '이용고'에 따라 배분

제5원칙 현금거래 원칙 - 시장 가격으로 판매하며 외상없이 현금으로만 거래

제6원칙 정직한 상거래 - 좋은 품질의 상품을 정량으로 공급

제7원칙 교육의 추진 - 이윤의 일정 비율은 조합원 교육에 배당. 조합운영방식 등 교육

제8원칙 정치적, 종교적 중립

로치데일 협동조합 8원칙의 성과

1) 조합원 주권 소유를 바탕으로 한 조합제도 유지

2) 매점(사업장) 운영을 위한 사업전략 확보

3) 조합원 확보를 통한 자본금 증대

4) 이용고 실적에 따라 이익금 배당을 통해 조합사업 적극 참여유도로 인한 사업 활성화 효과

5) 정직한 상행위로 신뢰도 확보

6) 의결권 1인 1표 방식을 통한 민주적 운영 장치 마련

7) 이자 제한 방식은 일부 대주주의 지배력 통제 및 여유자금 유치

8) 현금거래 원칙으로 안전거래 확보와 자금 손실 방지에 기여

9) 교육 추진을 통해 조합의 운영을 이해시키고 불필요한 논쟁을 방지하며, 다양한 고객 유치에 기여

로치데일 협동조합 8대 운영원칙은 소비자협동조합의 운영에 적합한 특징이 있다.

이 8대 기본원칙은 다양한 조합에도 대부분 그대로 적용되었다.

국제협동조합연맹의 협동조합 원칙도 로치데일 협동조합 원칙에 근간을 두고 제정되었음을 알 수 있다.

9. 사업의 발전

로치데일공정선구자조합의 사업은 급속도로 발전되었다. 사업시작 해에 710파운드의 매상이 올랐고 22파운드의 이익금을 얻었다.

1845년 말 조합원 인원은 74명으로 늘어났으며 181파운드의 자본금으로 증가했다. 출자금이나 차입금에 대한 이자는 4% 이자를 지불했고, 잉여금은 이용실적에 따라 조합원에게 배당하였다. 조합원들은 일부러 저축하지 않아도 배당금을 통한 저축효과를 가질 수 있었다.

조합의 구성원으로 이사와 감사 5명, 이사장, 회계 직원, 평의원 3명이 있었으며, 매주 수요일 저녁에 협의회를 가졌다.

1849년에는 로치데일 저축은행이 파산되면서 그 사람들이 투자 목적으로 로치데일 협동조합에 가입하였다. 그 결과 조합원이 총 390명이 되었다.

1857년 사업부문은 식품, 의류, 식육, 제화, 나막신, 양복점, 도매사업 7개 부문이었다. 각 부문마다 독립회계를 적용하였고, 분기별로 통합회계를 실시하였다.

1880년에는 조합원수가 1,000명이 넘었고 자본금은 30만 파운드, 순이익 5만 파운드의 실적을 올렸다.

로치데일 협동조합의 성공으로 1881년 영국에는 971개소 조합, 조합원 547,000명, 사업금액 1550만 파운드에 달했다. 1900년에는 조합 1,439개소, 조합원 170만 7천 명, 사업금액 5천만 파운드에 달했다.

로치데일 협동조합은 8대 운영원칙의 준수뿐만 아니라 사업전략면에서도 좋았다. 지점의 개설은 물론이거니와 타 조합의 합병을 통해 그 세를 늘렸다.

로치데일 협동조합의 성장방식을 정리해 보면 다음과 같다.

가. 전문 매니저를 통해 전문 부문으로 발전

새로운 상품을 다룸에 있어 전문 매니저를 고용해 독립부문으로 발전시키는 방식을 사용하였다. 조합이 설립된 지 10년 사이에 정육, 의류, 양복재단, 제화, 나무밑창신발이 각각 독립부문으로 성장하였다. 1867년에는 토드 레인의 오래된 매장을 새 건물로 확장시켰다. 이 건물은 백화점 형태의 매장에 3층에는 도서실과 이사 회의

실 등을 갖추었다.

나. 유통환경 개선

1856년 이래 로치데일 협동조합은 주변 지역에 매장을 꾸준히 확장하였다. 매장의 형태는 지점이나 체인점 방식이었다. 체인점(Chain store)이란 동일 업체나 상표의 상품을 취급하는 많은 소매점을 두고 중앙의 통제에 따라 경영하는 점포 조직을 말한다. 이 방식은 토드 레인 매장에서 먼 거리에 거주하는 조합원의 요구에 따른 것이다.

당시의 매점은 영세한 소상인에 의하여 운영되었는바, 위생관리면이나 품질, 신선도, 불규칙적인 판매, 비싼 가격 등의 면에서 여러 가지 문제점이 많았다.

이런 곳에 체인점을 개설하여 전문 직원을 두고, 신속한 운반과 냉장보관 등의 위생적인 관리에 정직한 가격, 정상규격품질 등으로 많은 사람들의 호응을 얻으면서 그 당시 경쟁상대가 없을 정도로 호황을 누렸다. 그 결과 유통혁명의 선구자가 되었다.

다. 도매사업

1852년 세계최초의 협동조합법으로 평가받는 산업 및 공급조합법이 제정됨에 따라 협동조합도 법인으로 인정되어 업체 간 상호거래가 가능하게 되었다. 이 법 이전에는 우애조합법의 적용을 받았다. 우애조합법은 상호부조단체를 위한 법이었기 때문에 조합원이 아닌 다른 사람에게는 물품 판매 등에 제한을 받았다.

산업 및 공급조합법에는 협동조합의 재산권 보호, 규범과 법적 구속력, 예금에 대한 보호, 비조합원에 대한 물품 판매 허용, 관료의 부당행위에 대항, 출자배당 5% 이하 제한, 이용고 배당 폭넓게 허용, 조합의 부채에 대한 조합원 무한책임, 조합원 출자 한도 제한 등이 있었다. 1862년 이 법의 개정으로 조합의 부채에 대하여는 조합원 유한책임으로 바뀌었다.

산업 및 공급조합법에 의하여 로치데일 협동조합은 1855년 도매사업을 시작했다.

로치데일 협동조합은 1863년에 랭카셔와 요크셔 지방의 300개 협동조합과 연대하여 북잉글랜드협동조합 도매사업연합회-NECWS를 설립하였다.

1872년에는 NECWS를 협동조합도매연합회(CWS)로 명칭을 변경하고 제조업, 금융업 등에도 진출하였다.

CWS는 해외 등지에서 식료품을 값싸게 사들여 국내에 판매하였으며, 홍차 재배지를 해외에 두고 운영하기도 하였다. 일부 운항 선주가 운송비 인상 등 행패를 부리자 해운업에 직접 진출하기도 하였다.

CWS는 신발, 의류, 비누, 가구 등 노동자들의 생필품과 관련된 제품을 주로 생산하였다.

성장한 CWS는 유통혁명과 함께 공정한 이용실적 배당, 출자금 적립, 공정한 가격, 정직한 상도덕으로 조합원들의 적극적인 호응에 힘입어 지금은 세계 최대의 소비자협동조합이 되었다.

1976년에는 파이오니어스로 명칭을 변경하였다. 1982년에는 노르웨스트 파이오니어스가 되었다. 1991년에는 유나이티드 코오퍼러티브스의 일부가 되었다. 2007년에는 유나이티드 코오퍼러티브스그룹에 합병되어 그 일부가 되었다.

10. 성공 요인

가. 공정거래

공정거래가 이루어지려면 사는 사람과 파는 사람 사이에 깊은 신뢰가 있어야 한다. 일시적인 이익을 위해 덤핑 물품이나 불량 물품을 취급하지 않아야 한다는 것이다. 정직하고 성실한 자세로 판매가 이루어져야 하는 것이다.

노동자들은 자신의 손으로 옷감을 짜고, 자신이 구두를 만들고, 자신이 직접 곡물을 생산하며 자신들이 직접 커피를 만든 것이다. 순수하게 자신들의 정당한 상품을 진열함으로써 공정거래를 통한 상호 신뢰를 쌓을 수 있었던 것이다.

나. 원칙에 입각한 이윤 배당

선구자들은 이용액에 비례한 이윤 배당이라는 원칙을 만들었다. 이는 사업 참여를 증진시키는 효과를 만들어낸 것이다. 이것은 새로운 배당의 원리를 창안한 것이기도 했다. 이윤은 그것을 만드는 사람들이 공유해야 한다는 원칙이었다. 동시에 출자금에 대한 이자를 5%로 고정 배당하였다. 조합원들에게 배당받은 금액은 은행에 저축하도록 하여 그들에게 근검절약을 유도하였다.

다. 시가 판매 원칙

조합은 시가 판매를 원칙으로 하였다. 즉, 마을의 식료품 값이 오르면 조합도 같은 수준으로 값을 올렸다. 그러나 다른 상인들과 경쟁하기 위해 값을 일부러 내리려 하지는 않았다.

라. 교육과 인적 투자

조합은 장기적으로 조합원에 대한 투자를 아끼지 않았다. 이윤의 2.5%를 교육에 투자하도록 했다. 조합의 신문열람실은 잘 갖추어 놓았다. 도서실에는 고가의 책을 비롯한 양서가 있었는데 도서실 이용은 조합원에게 무료로 개방하였다. 이는 당시 영국 사람들이 보통 얻을 수 있는 정보보다 질이 높았다. 청년들을 위한 학교도 열었으며 특별교육기금에서 생긴 이자는 조합원 가족을 위한 교육과정 편성에도 투자되었다. 교육은 상품 판매를 촉진하기 위해서도 필요했다. 상품에 대한 정보나 지식이 필요했기 때문이다.

마. 원대한 발전 계획

조합은 인간다우면서 사회에 대한 원대한 비전이 있었다. 설립 당시 조합의 계획에는 다음과 같은 내용이 담겨 있다.

1) 가정과 사회 개선을 위해 조합원이 살 집을 건축하거나 매입한다.

2) 실업 또는 계속되는 임금 체불로 고통 받는 조합원에게 일자리를 마련하기 위해 조합이 결정한 물품을 직접 생산한다.

3) 조합원의 행복과 안전을 높이기 위해 실직 중이거나 임금을 충분히 받지 못하고 있는 조합원이 경작할 약간의 땅을 사거나 빌린다.

4) 공통의 이익에 기초한 자급자족의 국내 거주지(공동체)를 건설하고 또한 다른 조합이 이러한 공동체를 만들고자 할 때는 지원을 해준다.

바. 꿈을 잃지 않은 성실한 조합원

온갖 시련에 굴하지 않고 끝까지 성실하게 자신의 자리에서 열심히 노력한 28명의 선구자들을 비롯한 이에 협조하고 따르는 조합인들이 있었다.

11. 유럽 전역으로 퍼진 협동조합 운동

영국의 산업혁명은 유럽 전역에도 영향을 주었다. 산업혁명은 자본주의가 팽창함과 동시에 영국처럼 도시 노동자들과 농민들이 빈곤으로 고통을 받는 것은 마찬가지였다.

이런 상황 속에서 로치데일공정선구자조합의 성공 사례는 노동자와 농민들에게 큰 희망을 주었다. 이로 말미암아 프랑스, 독일, 이탈리아 등에 급속도로 협동조합 운동이 퍼지기 시작했다.

영국의 성공적인 협동조합 사례는 유럽 전역에 전파되어 여러 나라에서 직접 견학 왔으며, 이를 각자의 나라에 전파했다. 지드(Gidle)는 프랑스에, 후버(Huber)는 독일에, 마찌니(Mazzini)는 이탈리아에 협동조합을 알렸다.

유럽 각 나라는 상황과 여건에 맞는 다양한 협동조합이 생겨났다. 조합의 형태로 생산협동조합, 농업협동조합, 소비자협동조합, 신용협동조합 등이 생겨난 것이다.

하지만 각 나라의 자본주의 성숙 정도나 사회적 여건이 달라, 적합한 방식으로 자리 잡게 되었다. 프랑스의 경우, 아직 해체되지 않은 장인과 도제, 농촌지역의 농민들이 주도하는 생산협동조합이 확대되었다.

이후 프랑스의 발전과 함께 도시지역의 생산협동조합은 없어지고 농업협동조합은 현재에도 큰 힘을 발휘하고 있다.

독일은 사회 전반적으로 자본축적이 미흡한 상황이었다. 당시의 라인 강변의 소농들은 농사를 지을만한 돈을 마련하기 어려워 빈곤의 악순환에서 벗어나지 못했다.

1849년 라이파이젠은 프람멜스펠트 빈농구제조합을 설립했다. 이 조합은 농민들이 가축을 구입하기 위해 만들어졌는데, 60명의 조합원이 무한연대책임으로 자본가의 돈을 빌려 가축을 사고, 5년 분할 상환을 하는 새로운 방식의 협동조합을 도입하고 실행시켰다.

이 조치로 농민들의 생활이 눈에 띄게 나아지자 농촌을 중심으로 라이파이젠계열 신용협동조합은 크게 확산되었다. 라이파이젠 신용협동조합은 마을이나 교구 등 조합원이 서로 얼굴을 알 수 있는 작은 규모로 만드는 것을 원칙으로 했기 때문에 협동조합간의 여유

자금이나 부족자금을 서로 주고받을 수 있는 연합조직의 필요성이 대두되었다.

이런 현실적 필요성에 따라 1872년 라인주에서 만들어진 75개의 신용협동조합을 회원으로 하는 연합회 성격의 '라인농업협동조합은행'이 설립되었다. 협동조합연합회가 최초로 만들어진 것이다.

이탈리아에서는 소비자협동조합, 생산협동조합, 신용협동조합이 고루 발전하여 나갔다. 특이할 만한 사항은 초기 이탈리아의 협동조합을 발전시킨 사상은 협동조합이 자본주의의 파괴적 성격을 보완하는 자유주의적 협동조합이었는데, 이후 1880년대부터 사회주의자가 주도하는 협동조합운동이 확대되면서 협동조합연맹이 분리되었다.

이후 이탈리아에는 카톨릭 계열, 사회주의 계열, 자유주의 계열의 협동조합연합회가 서로 경쟁하고 협력하며 발전해 왔다.

덴마크와 네덜란드에서도 농업협동조합을 중심으로 협동조합이 발전했다. 1882년 낙농협동조합과 1887년 양돈협동조합이 등장하였으며 1890년까지 목장의 3분의 1이 협동조합에 우유와 돼지를 출하할 정도로 빠르게 확산되었다.

러시아에서는 소농들의 절반 정도가 농업협동조합에 가입하였으며, 멀리 캐나다와 미국으로도 협동조합이 전파되어 아직도 지역사회를 떠받치는 데자르뎅신용협동조합이 1900년에 설립되었고, 미국에서도 1909년 최초의 신용협동조합이 만들어졌다. 이후 미국은 농업협동조합이 다양하게 확산되었다. 미국과 캐나다에서는 농업협동조합이, 곡물의 경우에는 지역단위별로, 오렌지 등 과실류의 경우에는 품목협동조합으로 발전되었다.

12. 출판물을 통한 전파

1857년 홀리오크는 『민중에 의한 자조 – 로치데일 선구자들의 역사』란 저서를 발행해 로치데일 협동조합 시스템이 전 세계로 퍼져 나가는 계기를 마련하였다. 이 책은 프랑스어, 이탈리아어, 벨기에어, 독일어, 헝가리어 등으로 번역되어 널리 전파되었다.

1871년 존 스튜어트 밀은 『정치경제학원리 – 사회철학에 대한 응용을 포함하여』라는 저서에 홀리오크의 저서 상당부분을 인용한바 있다.

제7절 그 밖에 최초 협동조합 주장 사례

1. 1696년 영국 런던의 '손에 손잡고' 화재생명보험공제회[29]
   설립배경으로 1666년 런던 대화재를 들고 있다.

가. 공제회를 협동조합으로 분류하여 보는 이유

1) 노동결사체로서 재해 대비 자구책 마련 성격

2) 로치데일 공정개척자회의 모델이 공제회와 유사한 조직으로 영국 맨체스터 '질병장례구호회'를 들고 있다.

2. 1735년 영국 이주민들에 의하여 미국 남캐놀라이나주의 찰스

---

29) 처음 만나는 협동조합의 역사, 김신양(2021)

톤에서 찰스톤 우애조합 설립[30]

3. 1750년대 프랑스의 프랑쉬꽁떼에서 설립된 치즈생산자 협동조합[31]

4. 1752년 미국의 벤저민 프랭클린이 주도하여 설립한 필라델피아 화재손실주택공제회[32]

5. 1760년 영국 채텀에서 치솟는 밀가루 가격에 대항하여 만들어진 공동제분소와 제빵소[33]

6. 1761년 스코틀랜드 펜윅에서 직조공들이 생산기술 향상과 생필품 공동구매를 위해 설립한 펜익 직공들의 협동조합[34]

7. 1825년 로버트 오언이 스코틀랜드와 미국에 세운 협동마을

30) 처음 만나는 협동조합의 역사, 김신양(2021)

31) 처음 만나는 협동조합의 역사, 김신양(2021)

32) 협동조합운동 역사사전(1999)

33) https://blog.naver.com/PostView.nhn

34) https://blog.naver.com/PostView.nhn

제3장

외국의 협동조합 발달사

제3장 외국의 협동조합 발달사

제1절 독일의 신용협동조합 탄생

1. 시대적 배경

1806년 독일 프로이센은 프랑스 나폴레옹과의 전쟁에서 졌다. 그 결과 독일은 국가로서의 지위만 유지되고 프랑스의 속국화가 되었다.

이에 독일의 재상 슈타인은 국가부흥을 부르짖으며 개혁을 단행하였다. 1807년에는 농노제를 폐지함으로써 이들을 중산층으로 육성하였다. 노예 신분에서 벗어나 중산층으로 신분이 변한 이들은 자영농에 종사하게 되었다. 당시 윤작법, 리비히의 화학비료 발명 등 농업기술 발달은 농민들의 생산의욕을 더욱 높였다. 이렇게 생산한 농산물은 시장을 형성하였고 이에 현금거래가 이루어졌다. 현금거래는 상업농으로 발전하였고 자금투자와 자금관리의 필요성이 생기면서 고리대금업자 등을 상대할 수밖에 없었다. 이에 따라 농민들은 저리로 자금을 돌려쓸 수 있는 신용조합의 필요성과 간절한 바람이 세계 최초의 신용조합 탄생을 보게 된 것이다.

또한 영국 산업혁명의 여파와 1860년대까지 정부의 보호를 받았던 길드 등의 중소 수공업자 계층이 있었다. 이들 소생산자들의 경영운영자금 조달의 필요성도 신용조합의 발생과 관련이 있었다.

2. 신용협동조합 선구자

가. 슐체 델리치

슐체 델리치(1808~1883)는 출생지인 델리치에서 읍장과 아버지의 대를 이은 세습재판관이었다. 그 뒤 국회의원이 되어 노동자, 독립수공업자, 소상인의 경제실태를 조사하는 국회조사위원회의 위원으로 활동하였다. 그는 이 활동 과정에서 이들의 빈곤 원인이 고리채임을 알게 되었다. 이로 말미암아 그는 정계를 떠나 신용조합 운동을 하게 된 것이다.

1849년 델리치시에 목공과 제화공을 조합원으로 하는 원료구매조합을 설립하였다. 이 조합은 조합원 무한책임으로 자금을 차입한 후, 원료를 도매시장에서 대량 구입함으로써 중간 상인을 배제하였다. 그는 원료의 공동구매 만으로는 어려움을 벗어날 수 없음을 알고 1850년에는 구매자금을 빌려주는 대부조합을 설립하였다. 이것이 독일은 물론, 세계적으로도 도시권 신용조합의 효시가 되었다. 그는 직접 초안한 협동조합법을 의회에서 통과시켜 세계 최초로 신용조합에 대한 법적 기초를 마련하였다.

초기 슐체가 운영하는 신용조합은 부자들의 기부금이나 외부차입금에 의존하는 자선적이고 구제적인 성격이었다. 조합운영은 점차 쇠퇴해 갔다. 그는 계속적인 경영을 유지하기 위해서는 자체자금을 마련하는 자립기반이 필요하다고 생각하였다. 그 방안이 조합원의 가입조건으로 출자의 의무를 두었고, 조합경영에 대하여는 무한책임을 지도록 하였다.

조합 수익의 20%는 자본금으로 적립하고 나머지 수익금에 대하여 출자금 비율에 따라 배당하였다.

조합원에게 자금을 대출해 줄 때는 담보를 잡거나 대인보증을 하도록 하였다.

조합 총회에서 선출한 유급 상임이사는 임기 3년으로 하는 등 전문경영 체제를 갖추었다.

1905년까지 독일에서 1천 개 이상의 신용협동조합이 설립되었고, 조합원은 약 60만 명에 달하였다.

나. 빌헬름 라이파이젠

빌헬름 라이파이젠(1818~1888)은 농민의 아들로 태어났으며. 행정기관에서 근무하다가 읍장을 역임하였다. 그가 읍장으로 근무하던 시절에 대부분의 주민들이 빈곤한 농민이었다.

당시 농민들은 농자금을 고리채를 통해 해결하였다. 그러다 보니 고리채 이자 변재에 시달렸다.

1845~1847년 사이에는 유럽에 감자병이 돌아 감자 수확량이 크게 떨어짐으로 인하여 감자가격이 상승하였다. 그 결과 수백만 명이 굶어 죽는 비참한 상황이 벌어졌다.

그는 이런 시대적 상황에 대처하기 위하여 가난한 농민들에게 감자와 빵을 배급하는 조직을 만들었고, 동시에 부유계층의 원조를 받아 농민을 위한 대부조합을 설립하였다. 이것이 최초의 독일 농촌

신용조합이 되었다. 오늘날 농업협동조합의 원조로도 보고 있다.

1849년 농촌고리채 해소운동으로 플람메르스펠드 구제조합을 설립하여 자금 대부사업을 시작하였다.

1854년 헤데스도르프 자선조합을 설립하여 농업인 구제에 힘썼다. 그러나 자선조합은 부자들의 기부에 의존하였기에 갈수록 운영의 한계를 가져왔다.

라이파이젠은 이미 도시권에 신용조합을 설립하여 운영하고 있는 슐츠를 만나 향후 대책에 대해 논의하고 자조, 자립의 원칙을 세웠다.

1862년에는 이러한 원칙을 바탕으로 안하우젠을 비롯한 4곳에 신용조합의 공동창립자가 되었다.

1864년 헤데스도르프의 자선조합을 신용조합으로 전환하였다. 이로써 농촌 신용협동조합의 효시가 된 것이다.

라이파이젠의 신용조합 운영 원리는 조합원의 출자금이 없는 대신에 운영자금을 조합원 연대보증으로 차입하였다. 조합의 재산은 총유로 하였고, 발생한 잉여금은 배분 없이 전액 적립하였다.

라이파이젠 신용조합은 점차 구매, 판매, 보험, 이용사업 등 각종 사업을 경영하였다.

라이파이젠계 조합들의 신용도를 제고하기 위하여 전국단위 연합회도 설립하였다. 연합조직의 주축은 신용, 지도, 구매 등이었다.

신용사업 부문은 개별조합의 자금조절을 위하여 1876년 개별조합을 주주로 하여 주식회사 형태의 농업대부 금고를 설립하였다가 신 조합법이 생김에 따라 1889년에는 연합회조직을 독일농업중앙대부금고로 개편하였다. 이후 1923년에는 다시 독일 라이파이젠

은행으로 개칭하였다.

독일에서는 신용조합에 이어 구매협동조합이 발전했다. 처음에는 개별 라이파이젠 신용조합이 조합원에게 자재를 염가로 공급할 목적으로 도매업자와의 교섭을 담당하였다. 1872년 하스에 의하여 헷센주의 프리드베르크에다가 구매협동조합을 설립하였다. 1873년에는 그 수가 15개로 늘어났다. 1895년 하스는 원칙적인 구매연합조직을 설립하였다.

라이파이젠 협동조합의 운동의 성공요인으로 아래와 같이 들고 있다.

1) 빈곤한 자영농이 많았다는 것.

2) 협동조합운동에 대한 굽히지 않는 의지와 신념이 있었다는 것.

3) 기독교적 신앙심을 바탕으로 도덕성과 윤리성이 내포되었다는 것.

4) 위 항에 의한 조합 성격이 이상주의와 현실주의를 잘 융화시켰다는 것.

제2절 덴마크의 농업협동조합

1. 시대적 배경

덴마크는 북해와 발트해에 접해있고 스칸디나비아반도가 시작되는 위치에 있다. 국경은 남쪽으로 독일과 인접하여 있고, 유틀란트반도와 수도 코펜하겐이 있는 질란드 등 400여 개의 섬으로 구성되어 있다. 해외영토로 그린란드와 페로제도가 있다.

덴마크는 지형이 평탄하여 60% 이상을 농경지로 활용하고 있는 대표적인 농업국가이다.

1536년 종교개혁을 계기로 당시 교회가 절반 이상 차지했던 토지를 왕실이 몰수하였다. 그 후 이 농지에서 발생하는 수입금으로 국가방위 등 국가재원으로 활용하였다. 절대주의 시대에 있어 농업은 국가재정의 근간이 된 것이다.

토지소유는 왕실이 50%, 귀족이 44%로 소수 지주의 소유형태였다.

1700년대 오스트리아 왕위계승 전쟁과 나폴레옹 전쟁으로 국제 농산물 가격이 상승하자 덴마크는 이들 전쟁에 대하여 중립적 입장에 서서 해운산업을 통해 곡물수출로 대호황을 누렸다. 이러한 경제 호황으로 농업구조개혁의 필요성을 느꼈다.

1775년 소작농과 정부가 토론회를 가졌는데, 그 결론으로 분산되어 있는 소작농을 소수의 대형농장으로 재배분하는 것이었다. 농업의 호황은 장원 영주에게는 기회였지만, 더 많은 노동력을 제공해야 하는 소작농에게는 불만의 요소로 작용한 것이었다.

1786년에는 장원농장에 귀속되는 소작농의 기존제도를 폐지하는 법률이 제정되었다. 그 결과 농촌구조에 변화가 일어났다. 소작농의 노동제공 형태에서 소작료(현금, 곡물) 지불형태로 바뀌고, 소작농의 토지소유 여건이 형성되어 갔다.

1788년부터는 농노해방이 이루어져 자영농이 광범위하게 퍼졌다.

1792년 정부는 소작농의 자영농 전환 지원 법안을 제정하였다. 그 결과 소작농의 토지 소유가 늘어나면서 봉건제도가 서서히 사라져 갔다.

이러한 토지개혁으로 봉건적 농업생산체제로부터 독립된 자영농 중심체제로 전환되어 갔다.

1807년 프랑스와 유럽열강과의 전쟁에서 영국은 덴마크 함대가 프랑스에 넘어가는 것을 막기 위해 덴마크의 코펜하겐을 침공하여 선단을 파괴해 버렸다. 이에 중립을 고수하던 덴마크가 프랑스 편에 서고 말았다. 전쟁은 프랑스의 패배로 끝났다. 덩달아 패전국이 된 덴마크는 자국영토인 노르웨이를 스웨덴에 할양하였다. 그 동안 호황을 누리던 경제번영도 모두 잃어버렸다. 왕실은 재정위기를 해결하기 위해 왕실소유 토지를 모두 매각하고 그 대신 조세제도를 도입하였다.

1830년 이후 영국이 곡물수입 관세를 단계적(1828~1846)으로 폐지함으로써 덴마크의 곡물 수출은 다시 활기를 찾았다.

덴마크는 1814년 의무교육이 시작되었고 1849년에는 자유민주주의에 입각한 선거권이 확립되었다.

2. 낙농협동조합의 탄생

19세기 중반 해상운송의 발달은 미국산 곡물수입의 증가를 가져왔다. 그 결과 곡물가격이 폭락하자 독일, 프랑스, 영국 등은 자국농업의 보호차원에서 곡물에 대한 수입관세를 부과하였다.

덴마크에서도 곡물에 대한 수입관세 부과를 논의하였지만 생산농민들의 반대로 이루어지지 않았다. 그 반대 이유로, 당시 농민들은 수입관세를 부과하더라도 결국 미국과의 곡물시장 경쟁은 승산이 없어 보였기 때문이었다.

그 대신 자유무역의 대가로 사료용 곡물을 값싸게 수입하여 축산업 투자로 전환하는 전략을 세운 것이다.

당시 축산업의 증가는 치즈, 버터 등 우유가공업으로 확대되었다.

초기에는 축산우유를 대지주에게 판매하였으나, 우유가공이 더 소득이 높다는 것을 깨닫고 원유를 자신들이 직접 가공하는 방식을 모색한 것이다. 그 결과 1882년 히딩(Hjedding) 지방에서 닐센에 의해 사상 최초의 낙농업협동조합을 탄생시켰다.

이 조합은 출자금보다는 원유납입실적에 따라 수익금을 배당하였고 1인 1표 원칙을 통해 민주적인 협동조합제도로 발전시켰다.

이 조합은 순수한 민중운동으로 법적지원제도 없이 북유럽 특유의 제도로 자리 잡았다.

1900년에는 800개까지 조합이 늘어났고, 협동조합형 도축장과 자재구매조합까지 생겨났다.

개방적인 국가경제의 장점과 협동조합 단체의 힘을 모아 국제시장을 공략함으로써 해외 수출 비중이 60%에 달했다.

당시 덴마크의 경제 성공은 낙농협동조합을 중심으로 한 상품규격 통일, 품질관리 등에 있었다.

3. 그 밖에 협동조합

1866년 크리스찬 소네는 영국에 가서 로치데일 협동조합 원칙을 배워 소비자협동조합을 설립한바 있었다.

1887년에는 베이컨 가공협동조합이 설립되었다.

1895년에는 계란판매협동조합이 설립되었다.

1906년에는 청과물판매협동조합이 설립되었다.

1906년부터 구매협동조합이 설립되기 시작하였다.

1960년대 마니키는 그가 저술한 책에서 "덴마크의 농민들은 철저하게 조직되어 언제, 어디서나 협동조합과 함께 했다"라고 표현하였다.

제3절 프랑스의 협동조합

1. 프랑스의 생산조합[35)]

영국에서 소비조합 형태의 협동조합이 일찍이 발달하였으나, 프랑스에서는 생산조합 형태의 협동조합이 생겨났다.

영국은 산업혁명을 협동조합의 배경으로 설명하고 있지만, 프랑스의 산업혁명은 1789년 대혁명에서 싹트기 시작하였다.

여기에서 대혁명이란 자유, 평등, 박애(인권, 우애)를 외치며 봉기한 세계최초의 시민혁명이자 사회혁명이라는 평가를 받는다. 프랑스는 당시 3개 신분계층으로 이루어져 있었다. 제1신분은 성직자, 제2신분은 귀족, 제3신분은 평민이었다. 성직자와 귀족은 토지소유로 인한 부의 획득, 세금면제 등 각종 혜택이 있었지만, 평민 신분은 세금 납부 등 여러 가지 불평등한 차별을 받아 왔다.

이에 불만을 품고 봉기한 것이다. 그 밖에 봉기의 원인으로는 귀족의 부패, 경제의 악화, 미국독립운동의 성공, 계몽사상가의 영향

35) https://bluemoona.tistory

등을 들고 있다. 결과는 시민의 승리로 끝났다.

대혁명의 결과는 다음과 같다.

1) 절대왕정과 봉건제도 폐지

2) 민주주의, 공화주의 이념 확립

3) 1791년 헌법제정, 입법의회소집

4) 1795년 헌법제정

프랑스의 대혁명은 중세 수공업자인 길드제도의 몰락을 가져왔고, 공장제수공업으로 전환되어 갔다. 또한 도로, 운하, 항만 등의 교통 발달은 점차 경제자본주의 체제로 전환을 가져오기 시작하였다.

공장제수공업은 외형적으로 공장규모를 가졌으나 생산형태는 아직 수공업 수준이었다. 다시 말하면 소자영업자 수준의 봉건제적 생산형태가 많았다.

1825년 영국의 산업용 기계 수출 금지조치를 해제함에 따라 기계 수입과 함께 프랑스 산업혁명이 시작되었다.

농업부문에 있어서는 대혁명의 결과, 성직자나 귀족 소유 토지를 몰수하여 농업인에게 분배됨으로써 근대적 토지소유제도가 확립되었다. 당시에는 소규모 농지를 가진 자영농이 많았다.

이러한 영세 자영농들이 모여 조합을 구상한 것이 생산협동조합이었다.

생산협동조합의 발생에는 푸리에의 사상을 들고 있으며, 그의 사상을 필립 붓세가 이어 받았다.

1831년 필립 붓세가 파리에 목공노동자 조합을 설립하였는데, 이

것을 생산협동조합의 시초로 보고 있다. 생산협동조합은 농업분야에도 퍼졌다.

2. 프랑스 생산조합의 선구자

프랑스의 생산협동조합은 노동자생산조합사상을 중심으로 생시몽사상에서 비롯되었다고 본다.

생시몽(1760~1825)은 파리의 귀족 집안에서 태어난다. 계몽주의에 빠져 17살 때부터 라파예트 옆에 있다가 미국 독립 전쟁에 참전하였다. 1783년 프랑스에 돌아와서 네덜란드, 스페인을 포함한 유럽 각지를 여행하면서 경험과 지식을 쌓았다. 생시몽은 자유주의의 지지자였으나 소수의 부르주와에 의해 좌지우지되는 자유주의에 염증을 느끼고 노동자 편에 서게 되었다. 그에게 프랑스 혁명은 정치적인 혁명이 아닌 노동자와 서민들을 위한 혁명이라 보았다. 그는 정치를 그만두고 저술 활동에 전념했고, 그 결과 『새로운 기독교 - 보수주의자와 진보주의자의 대화』를 1825년에 출판했다.

생시모니즘은 19세기 프랑스를 휩쓸었으며, 프랑스 제2공화국의 낙관적 분위기를 조성하는데 큰 영향을 주었다. 생시몽은 1824년 파리 정치 신문인 〈글로브(Globe)〉를 창설했다.

가. 샤를 푸리에

샤를 푸리(1772~1837)에는 공상적 사회주의자로서 사회가 자유경제에 의하여 발전할수록 약자는 소외된다고 보았다. 이 해결 방법의 하나로 협동조합을 운영하여야 한다고 보았다.

그는 1808년에 '4운동의 이론'을 발표하였고, 1822년 『농업가족 집단』, 1834년 『보편적 통일의 이론: 개정 증보』 등의 저서와 논문 등을 통해서 집단 소유에 입각한 '팔랑쥬(Phalanstère)'라는 명칭의 공동조합 제도를 구상하였다. 팔랑스테르(phalanstère)는 그가 제안한 자급자족적 유토피아 공동체 건물로, 500~2000명의 사람들이 거주하면서 상부상조하는 체제를 만드는 것을 목표로 했다.

팔랑쥬에 대해 설명하면, 공동으로 생산하고 공동으로 소비하나 생산이 우선되는 생산조합의 형태를 말한다. 이를 구현하기 위한 것이 팔랑스테르이다.

팔랑스테르에 대해 좀 더 설명하면, 공동으로 생활할 터전의 중앙에 큰 건물을 건축하고 그 속에 식당, 목욕탕 등 생활에 필요한 각종 시설을 만들고 주위에는 농장을 조성한다. 이 형태는 여러 사람이 조합을 구성하여 공동으로 생활하면서 농업을 기반으로 자급자족함을 원칙으로 한다. 만약 조합원의 생산품이 남을 경우에는 다른 팔랑쥬와 교환할 수 있다.

그리고 생산의 결과로 발생한 수익금은 출자, 노력도, 재능 등에 따라 배분하는 것이다.

이런 형태에 의하여 발생한 자산은 사유재산을 인정하지 않고 공동소유로 하는 사회주의 성격이다.

이런 방식으로 공동체를 운영하려면 국가의 원조나 간섭을 배격하고 상부상조의 정신으로 이끌어야 한다고 보았다.

팔랑쥬의 계획은 그의 생전에는 실현되지 못하였으나 후계자들에 의하여 실현되어 프랑스 생산조합의 기초를 만들었다.

나. 필립 뷧세(1796~1865)

프랑스의 생산조합은 푸리에가 계획하였지만 실천은 뷧세에 의해서였다.

그는 자본주의 제도의 결함은 노동자와 자본의 분리에 있다고 보고, 노동자의 빈곤도 이것에 기인한다고 보았다.

이를 해결하는 방법은 자본가에 의하여 고용된 노동자들이 조합을 결성하여 직접 생산수단을 소유함으로써 그 수익금을 챙겨 빈곤에서 해방될 수 있다고 보았다.

이런 구상으로 1831년 파리에 목공노동자 생산조합을 설립하였으나 자금 부족 등으로 해산하였다.

1834년에는 금속세공생산조합을 설립하여 운영하다 보니 소자본가의 기업체와 유사한 조직체로 변화되었다.

그의 생산조합은 노동자의 자본과 노동력을 제공받아 공동으로 생산하였다. 여기에서 발생한 순이익금의 80%는 노동일수에 의거하여 조합원에게 분배하고, 20%는 공동기금으로 적립하였다.

뷧세는 푸리에의 사상을 이어 받았다고는 하지만 둘 사이에는 약간의 차이점이 있었다. 푸리에는 농업을 기반으로 한 자급자족 등의 공상적인 면이 있었다면, 뷧세는 공업부문의 생산을 기초로 자유주의 경제체제에서 그 발전과 존재 근거를 찾으려 한데서 차이점이 있다고 볼 수 있다.

3. 프랑스 생산조합의 발전

노동자 생산조합은 1880년에 '이익분배생산조합'이란 명칭으로 고딘에 의하여 처음 설립되었다.

1893년에는 정부의 지원을 받아 '프랑스 노동자생산조합 협동은행'이란 특수은행이 설립되어 생산조합에 대하여 금융지원을 하였다.

19세기말 서유럽에 미국의 값싼 농산물 대량 유입은 농업공황을 만들었다. 이로 인하여 유럽에서는 곡물생산을 줄이고 축산, 과실, 채소 등으로 전환하는 현상이 발생하였다. 이에 프랑스에서는 농업생디카 운동이 전개되었다.

'생디카(syndicat)'란 곧 노조를 의미한다. 1884년 발데크 루소법이 선포됨으로 인하여 노조 조직인 생디카가 합법적으로 인정되었다. 이 동업조합법을 근거로 생산조합의 조직화를 허용함으로써 많은 발전의 계기가 된 것이다.

제4절 네덜란드 협동조합[36)]

네덜란드의 협동조합 성공사례하면 협동조합은행 라보뱅크를 말할 수 있다.

1896년 네덜란드의 전국농민연맹과 지부들이 독일의 라이파이

36) 네덜란드 협동조합은행 라보뱅크, 박성재

젠 협동조합의 모형을 기초로 협동조합은행을 만들었다. 이후 중부와 북부지역은 라이파이젠 협동조합과 남부에서는 국민은행계통인 농민협동조합은행이 조직되어 운영되었다. 1898년에는 각각 중앙은행을 설립하여 공존하다가 1972년에 하나의 은행으로 합병하면서 오늘날의 라보뱅크가 탄생한 것이다.

라보뱅크는 독일 라이파이젠 운영 원칙을 적용함으로써 성공한 협동조합 은행으로 보고 있다. 여기서 5원칙을 살펴보자.[37)]

제1원칙 : 모든 조합원이 연대책임 하에 조합의 채무에 대해 무한책임을 진다. - 솔선수범하는 주인의식 효과

제2원칙 : 조합의 임원은 무보수 봉사로 한다. - 불필요한 낭비요인 제거

제3원칙 : 지방은행, 지역은행, 중앙은행이 각자의 역할분담과 협력관계를 이루었다. - 시스템의 시너지 효과 최대화

제4원칙 : 수익금은 전액 정립한다. - 자본금이 확충됨에 따라 조합원의 무한책임에서 유한책임으로 전환 기회 제공

제5원칙 : 운영수익금의 일부는 사회적 목적에 활용한다. - 지역에 공헌하는 협동조합 이념 실천

라보뱅크는 조합원 가입 시 출자금이 필요 없는 대신에 조합재산 지분이나 이익배당금에 대해 받을 권리가 없었다. 다만, 조합원으로서 의사결정 참여권과 조합이용권이 있었다. 조합 가입 대상 조건으로 지역주민이면 누구나 가능하였으나 조합채무부담의무 약정

---

37) 네덜란드 협동조합은행 라보뱅크, 다온타임즈

서에 서명하도록 하였다. 1978년 비농업인 가입허용을 계기로 조합원 무한책임제에서 유한책임제로 바뀌었다. 대출금 이용 시 조합원에 한정한다는 규정도 폐지하였다. 1998년에는 기업대출 이용 시 조합의무가입 조건도 폐지하였다. 이렇게 이용고객과의 차별이 없어지면서 이사회 의장 자격이 조합원이어야 한다는 규정도 폐지하였다. 조합원증서를 발급하면서 출자금을 후순위 영구채권으로 발행하면서 무출자 원칙도 변화되었다. 조합원 증서는 상속이나 양도가 가능하였다. 출자금은 최소한 5% 금리를 30년간 보장해줌으로써 조합원에 대한 배당이 아니라 이자 지불의 형태가 되었다.

2014년에는 조합원 증서를 라보뱅크 은행증서로 바꾸었다. 따라서 조합원은 자신의 증서를 증권시장에 판매할 수 있게 되었다.

라보뱅크의 의사결정기관으로 총회, 집행이사회, 감독이사회를 두었다. 지방 라보뱅크에는 총회에 가름하는 대의원회를 두고 있다. 대의원회에서는 감독이사회 이사 임명, 재무제표 채택, 지역사회에 환원하는 배당금 사용처 결정 등을 한다. 집행이사회는 경영을 책임지며 전문경영인이다. 감독이사회는 집행이사회의 경영에 관한 사항을 감독한다.

라보뱅크의 무한책임 원칙은 연대책임 경영전략으로 중앙은행과 지방은행 그리고 그 자회사 간의 상호지급보증을 통한 거대한 단일조직으로서 인정받고 있다.

라보뱅크 그룹은 지방은행, 중앙은행 및 자회사나 관계회사 등 다양한 독립조직들이 상호금융연합을 이루어 대외적으로 업무를 행사한다.

네덜란드 금융감독법에 의해 중앙은행은 강력한 리더십과 내부통

제력을 가지고 그룹 전체를 이끌어 가고 있는 것이다.

지방 라보뱅크는 경영권의 일부를 중앙은행에 위임해 주었으며, 중앙은행은 여신금리의 결정, 재무규칙, 내부지급능력 규제, 내부금리 리스크 규제 등을 통하여 그룹 전체를 효과적으로 통제하고 있다. 위험관리 시스템과 그룹 전체의 상호지급보증제도는 라보뱅크가 세계에서 매우 믿을 만한 은행이 된 것으로 볼 수 있다.

네덜란드의 대표적인 은행인 라보뱅크는 현재 세계은행 중 높은 신용평가등급을 받은 종합금융그룹의 협동조합은행이 되었다. 국내시장의 한계를 실감하고 금융환경의 변화에도 적응하여 업무영역을 투자, 자산관리, 보험, 리스 등으로 계속 확장하고 있다. 해외전략을 위해 각국에 사무소를 두는 등 세계화를 추진하면서 국제금융그룹으로 발전하고 있다.

제5절 스페인 협동조합

당시 시대배경으로 스페인 내전이 1936년부터 1939년까지 있었다. 이 전쟁에는 독일, 이탈리아, 소련 등이 개입해 스페인은 참혹하기 이를 데 없었다. 1939년 3월 프란시스코 프랑코(1892~1975)가 이끄는 쿠데타군은 마드리드를 제압하고 내전을 종식시켰다. 이후부터 프랑코의 철권통치가 시작되었다.

1941년 스페인 동북부 바스크 지역에 호세 마리아 아리스멘디아리에타(José María Arizmendiarrieta)가 신부로 부임했을 때에는 전쟁으로 인하여 많은 사람들이 고향을 떠났거나, 남아 있었더라도 전쟁 폐허 속에 극심한 경제적 어려움을 겪고 있었다.

호세 마리아는 이런 극심한 빈곤을 벗어나기 위해서는 협동조합이 필요하다고 생각하고 꾸준하게 노력하였다.

호세 마리아는 먼저 지역주민들을 동원하여 기술학교를 설립하고, 여러 가지 행사를 통해 기부금 등을 꾸준하게 모았다.

1956년에 스페인 바스크지역 몬드라곤에서 호세 마리아 신부 주도하에 5명의 조합원이 그들의 이름자를 따서 '울고(ULGOR)'라는 생산협동조합을 설립하였다. 이들은 폐업한 작은 주물공장에 석유난로 공장을 만들었다.

이 협동조합은 해를 거듭하면서 꾸준히 성장하여 지금은 많은 협동조합 및 기업 그리고 연구센터를 두고 있는 다국적 복합체의 조합이 되었다.

이 조합은 자본가에 의한 기업운영방식의 문제인식에서 시작되었으므로 노동자가 직접 소유하는 방식과 기업을 경영하는 방식 그리고 발생한 수익은 노동자들에게 고르게 분배하도록 되어있다.

조합의 운영방식에서도 노동자가 총회에서 직접 최고 경영자를 선출 또는 해임할 수 있다.

이 조합의 그룹은 공동의 기금을 사용하여 손실을 보전하였다.

2006년 '울고(ULGOR)' 창립 50주년을 맞이하여 기존의 몬드라곤 협동조합복합체(MCC)라는 네트워크 전체에 대한 긴 이름을 '몬드라곤'으로 개명하였다.

조합의 상호가 지금은 '파고르노동자협동조합'으로 변경되었다.

몬드라곤 협동조합의 성공여건을 들어보면 다음과 같다.

1) 은행 금고의 설립이다. 금고는 자본조달 등으로 제조업 성장에 큰 힘이 되었다.

2) 기술연구소를 만들었다. 기술연구소는 제조업 기술변화에 대응함으로써 매우 중요한 역할을 하였다.

3) 노동자 조합원들의 안정된 환경을 위해 사회보장 협동조합인 '라군아로'라는 노동자복지시스템을 만든 것이다. 라군아로는 의료, 산재, 고용, 연금보험 등의 종합적 성격을 갖고 있다.

4) 여러 가지 기능들을 하나의 포괄적인 네트워크로 구성, 운영한 것을 들 수 있다.

몬드라곤 협동조합의 노동자 고용형태는 다음과 같이 나눌 수 있다.[38)]

1) 협동조합의 소유권과 의사결정권을 가진 노동자 조합원

2) 조합원의 권리가 없는 비조합원 노동자

3) 스페인과 바스크 지방법규에 따라 생겨난 기간제노동자 조합원

4) 바스크 이외의 스페인이나 해외지사의 노동자

몬드라곤 협동조합의 10대 원칙[39)]

1) 자유로운 가입

2) 민주적 조직

3) 노동을 중시하는 노동자 주권

4) 자본은 노동의 수단이며 노동에 종속

38) 노동리뷰, 2013년 6월호

39) 노동리뷰, 2013년 6월호

5) 조합경영에 대한 조합원의 참여

6) 연대에 기초하여 충분한 급여 지급

7) 상호 간의 협력

8) 지역의 경제적, 사회적 발전 지원

9) 보편성

10) 교육과 훈련

제6절 이탈리아 협동조합

이탈리아의 협동조합[40]은 우애조합(Friendly Societies)에서 분리되었다고 보고 있다. 처음에는 종교와 관계없이 활동하여 왔으나, 나중에는 이탈리아 사회주의와 19세기 말 가톨릭교회의 참여와 함께 다중적인 성격이 되었다.

이탈리아 협동조합 운동[41]은 1854년 토리노에서 설립된 소비자 협동조합을 효시로 보고 있다. 협동조합 운동은 제1차 대전 시기까지 활성화되었다. 1922년부터 하강세를 보였는데, 특히 파시스트에 의한 탄압이 심하였다. 살아남은 협동조합 조직들은 1926년에 설립된 국립 파시스트 협동조합청에 통합되었다.

파시스트 정권이 무너지면서 협동조합은 다시 활성화 되었다. 1945년에는 가톨릭 산하의 조직인 이탈리아 협동조합총연맹이 결성되었고, 협동조합전국연합도 재결성되었다. 이 조합은 1966년부터 레가 코프로 명칭 되었다.

40) 이탈리아 협동조합의 법 제도와 사례연구. 성연옥, 배성필

41) https://blog.naver.com/PostView.nhn?blogId

1948년에는 이탈리아 헌법 제45조에 협동조합 내용을 명시하였다. 헌법의 명시 내용을 보면 "공화국은 상호부조의 특성을 갖고 사적투기를 시향하지 않는 협동조합의 사회적 기능을 승인한다. 헌법은 적합한 수단을 통해 협력을 증진하고 보호하며, 적절한 관리를 통해 협동조합의 특성과 목적을 보장한다."이다. 이는 협동조합에 대한 근거조항을 두었을 뿐만 아니라, 국가가 협동조합을 보호하고 그 기능을 인정해야 함을 말하고 있다.

이탈리아 협동조합법은 헌법, 민법, 개별법 등의 체계로 되어 있다.

1977년에는 판돌피 법이 제정되면서 협동조합도 규모 있는 사업을 할 수 있도록 하였다. 판돌피 법에서는 조합원에게 분배할 수 없는 유보금에 대해서는 세금을 면제하였다.

1983년에는 협동조합이 주식회사나 유한회사를 설립하거나 지분을 인수해 보유하는 것을 인정하였다.

1991년에는 사회적 협동조합을 위한 특별법을 도입하였다.

1992년에는 협동기금과 조합원 투자자, 협동조합 참여주 등의 도입으로 자금 조달의 가능성을 더욱 확장하였다.

협동조합이 경제의 중심이 된 데는 크게 두 번의 요인으로 들고 있다.

첫 번째는 1970년대 경제 위기의 시기에 합병과 컨소시엄 방식의 네트워크 형성을 통한 규모 확장이었다.

두 번째는 1990년대에 협동조합들이 다른 기업들을 과감하게 인수해 협동조합이 통제하는 기업 집단이 되어 네트워크의 형성이 이루어지게 한 것이다.

사회적협동조합[42]이라 하면, 1974년에 설립된 카디아이(CADIAI)를 최초의 사례로 보고 있다. 카디아이(CADIAI)의 명칭은 협동조합(Cooperative), 돌봄(Assistenza), 재가(Domiciliare), 환자(Infermi), 노인(Anziani), 어린이(Infanzia)의 머리글자를 딴 것이다. 가사원조노동이나 간병노동을 하던 이들 여성들이 모여 불안정한 비정규 노동의 문제를 해결하려고 27명의 여성들이 생산자 또는 노동자협동조합 형태로 만들었다.

사회적 협동조합은 1991년에 법이 제정되었다. 이탈리아의 사회적 협동조합은 두 유형이 있다. A형은 사회적 서비스 제공을 위주로 하는 협동조합이다. 주로 사회적 약자를 대상으로 돌봄, 보건, 교육, 체육 및 레크리에이션 서비스를 제공하고 있다. B형은 장애인 능 취약 계층의 일자리를 제공하는 것을 목적으로 하는 사회적 협동조합이다. 지방 정부의 사회적 서비스가 늘어나면서 사회적 협동조합들이 크게 성장하고 있다.

카디아이의 성공요인으로는 다음과 같이 볼 수 있다.

첫째 경영진과 이사회를 분리하여 경영의 안정화를 취하였다.

둘째 직원의 교육과 직업훈련에 많은 투자를 하였다.

셋째 인증 제도를 적용하여 기관신뢰도를 높였다.

이탈리아의 사회적협동조합 모델은 1998년 포르트갈의 사회적 연대 협동조합, 1999년 스페인의 사회적 목적 협동조합, 그리스의 유한책임 사회적 협동조합, 2001년 프랑스의 공익 사회적 협동조합제도 도입 등에 영향을 주었다.

---

42) 레디앙(https://www.redian.org)

이탈리아에서도 특히 협동조합 운동이 발달한 곳은 밀리아로마냐이다.

이상으로 이탈리아의 협동조합 특징이나 성격을 종합정리하면 다음과 같다.

1) 오랜 역사와 문화를 바탕으로 강건한 시민의식이 있었다.

2) 일찍이 헌법에 협동조합의 가치를 인정하고 정부차원에서 장려하였다.

3) 다양한 분야에서 다양한 유형의 협동조합이 발전하였다.

4) 부문별 연합회 구조가 아니라 총연맹구조와 다양한 네트워크 구조로 발전하였다.

5) 협동조합이 정치적, 종교적으로 중립을 요구하지 않고 다중적인 성격을 가졌다.

6) 정부와의 연대 구성이다. 협동조합은 공공부문과 민간부문의 중간인 제3부문이다. 정부와의 협력과 연대가 무엇보다 큰 효과를 창출한다.

7) 부문 간이나 산업 간에 수평적 네트워크가 형성되어 있다.

8) 협동조합도 기업으로 일반경쟁에서 살아남아야 한다. 그러기 위해 끊임없는 혁신과 이익창출에 노력하고 있다.

9) 이탈리아 협동조합은 이데올로기 이론의 역사가 아니라 현장의 문제를 구체적으로 실천하는 역사였다.

10) 사회적 협동조합이 일자리 창출에 기여하였다.

11) 사회적 협동조합들은 제도화 이전에 민간부문에서 자발적으로 생겨났다.

12) 볼로냐 레가 코프 사례에서처럼 경제위기 때에는 고용을 줄이기보다 전체 조합원의 임금을 줄여 일자리를 함께 나누었다.

제7절 캐나다의 협동조합

캐나다의 [43]협동조합운동은 19세기 중반에 시작된 것으로 보고 있다. [44]캐나다는 다른 유럽 국가의 이민들이 많이 유입되었다. 그 결과 유럽의 영향을 받을 수밖에 없었다. 대표적으로 영국 산업화와 협동조합이 그 사례이다.

산업화는 공장의 출현으로 나타났고, 이는 기존 장인들의 몰락을 가져 왔다. 그 결과 장인들이 소규모 협동조합과 연합하기 시작하는 분위기가 만들어 졌다.

1813년에는 캐나다의 램튼 카운티에서 설립되었던 오웬주의 공동체, 1840년대에는 노바스코샤에서의 소비자 협동조합 설립이 있었고, 1880년대에는 노동조합들이 주도한 소비자 협동조합들이 있었다. 대부분은 역량 부족으로 실패하였다.

그 중 성공적으로 이어진 것은 1840년대부터 시작된 상호공제회와 1860년대에 시작된 농업협동조합들이었다.

19세기 중반 퀘벡에서 농업인이 직면한 다른 문제는 보험회사들의 보험 가입거절이었다.[45]이런 이유로 농민들이 직접 상호공제회

43) https://yoda.wiki/wiki/History_of_cooperatives_in_Canada
44) https://www.lifein.news/news/articleView.html?idxno=4764
45) https://www.lifein.news/news/articleView.html?idxno=4764

를 만들었다. 상호공제회 설립 초기에는 자산이 없었기 때문에 공제회 가입 시 작성하는 약정서에 "다른 회원이 어려움에 처할 경우에 각 회원들이 일정 금액을 추렴한다."는 조항을 포함하였다. 이때 설립되어 오늘날까지 유지하고 있는 공제 보험은 프로뮤뛰엘(Promutuelle)이 있다.

프로뮤뛰엘의 기원은 1852년 퀘벡 헌팅던 지역에서 농민들이 주도하여 설립된 보아누아(Beauharnois) 화재 공제보험이 그 시초이다. 퀘벡의 많은 농민들이 같은 처지였기 때문에, 농민들은 유사한 상호공제회를 만들기 시작했다. 이들 공제회들은 급속히 성장하여, 1956년에는 퀘벡 전역에 327개가 되었다. 개별 공제회의 증가는 재보험의 필요성으로 대두되었다. 그 결과 연합회가 설립되었다. 1976년에는 재보험을 설립하였다. 오늘날 프로뮤뛰엘 그룹은 16개의 회원 공제회로 이루어진 2차 협동조합, 즉 공제회 연합회이며 산하에 프로뮤뛰엘 재보험, 보증기금, 투자기금 등의 법인들이 소속되어 있다.

퀘벡 협동조합의 발전과정에서 농업협동조합과 공제회연합회가 농업인에 대하여 같이 대비하는 등의 결과를 낳았다.

기록으로 남은 최초의 소비자 협동조합은 1864년 노바스코샤의 스텔라튼이 있었고, 같은 해 북루스티코의 프린스 에드워드 섬에 최초의 협동 은행이 있었다. 당시에는 협동조합에 대한 구체적인 입법이 적용되지 않은 때라서 자체 회사법이 적용되고 있었다.

농업분야는 캐나다에서 처음으로 성공한 협동조합이었다. 1860년대부터 많은 농부들이 우유를 과다하게 생산했다. 그 결과 유제

품인 크림과 치즈 등의 공장과 함께 협동조합이 많이 생겨났다. 치즈 등은 영국에 대한 주요 수출품이 되었다.

1906년에는 에드워드 알렉산더 파트리지에 의하여 농부들이 곡물 회사를 만들었다. 농부들이 직접 마케팅하기 위한 것이었다.

1911년에는 서스캐처원 협동조합 엘리베이터(Saskatchewan Cooperative Elevator Co.), 1911년에는 앨버타 농업인 협동조합 엘리베이터(Alberta Farmers' Cooperative Elevator Co.)가 나타났다.

오늘날 퀘벡 최대 농업 협동조합 중 하나인 라 콥 페데레는 1922년 세 개의 농업 협동조합이 합병하면서 설립되었다. 이 중 하나가 1910년에 설립된 퀘벡 치즈 협동조합이었다. 아그로푸르(agropur)와 함께 퀘벡의 양대 농업 협동조합인 라 콥 페데레는 대형 농업협동조합으로 성상했다. 라 콥 페데레는 메이플 시럽, 곡물, 축산 등 퀘벡의 거의 모든 농업 부문 생산자들이 회원으로 가입되어 있으며, 비료, 살충제, 농기구 등 영농 자재를 판매하는 농업 법인 솔리오, 육가공 업체 올리멜, 유통업체 비엠알 등 농업 관련 다양한 분야의 사업을 운영하는 퀘벡 최대 농업 협동조합이다.

알퐁스 데자르뎅의 기록에 의하면 1897년 고리대금을 금지하는 법안을 제안하던 한 의원이 "150 달러를 빌린 채무자가 5천불을 갚아야 하는 상황에 처했다는 사례를 소개하는 것을 들은 것이 신용협동조합의 모델에 관심을 가지게 된 계기가 되었다."고 한다. 이후 유럽의 신용협동조합 모델을 연구한 그는 1900년 12월 퀘벡주 레비시에서 신용협동조합을 설립하였다. 처음에는 협동조합의 실무자들이 급여를 받지 않는 봉사자로서 지역사회에 봉사하는 신용협동조합을 운영했다.

데자르뎅 그룹의 회원조합은 지역 단위로 조직된 신용협동조합이었는데, 퀘벡의 사회적경제의 역사에서 빼놓을 수 없는 것이 노동과 협동조합의 협력사례라고 할 수 있다. 알퐁스 데자르뎅이 퀘벡에서 신용협동조합들의 형태를 설계할 때에는 지역공동체를 중시하여 당시 천주교의 교구 단위에서 설립하는 것이 보통이었다. 이를 지역단위 주민금고(Caisse Populaire)라고 불렀다. 그러나 알퐁스 데자르뎅은 상황에 따라 지역 단위의 주민들이 아닌 다른 단위의 공동체로도 신용협동조합의 조직이 가능하다고 보았다.

그 후 데자르뎅 신용협동조합은 경제금고로서 발전을 거듭하였다. 1920년대에 설립된 2개의 경제금고는 여러 번의 합병을 거쳐 1971년 오늘날 연대금융분야의 가장 큰 신용협동조합인 데자르뎅 연대경제금고로 성장하였다.

전 세계에서 가장 큰 협동조합 금융기관인 데자르뎅 그룹이나, 라콥 페데레를 포함한 농업 협동조합, 프로뮤뛰엘을 비롯한 공제회 등 협동조합들의 성장은 오늘날 사회적 경제모델로서의 퀘벡이 되었다.

제8절 미국의 협동조합

1. 최초의 협동조합

1752년에 만들어진 필라델피아 상호화재보험조합(The Philadelphia Contributionship for the Insurance of Houses from Loss by Fire)을 미국 최초의 협동조합[46]으로 본다. 벤저민 프랭클린이 주도해 만들었다.

당시 미국의 주택은 대부분이 목조였기 때문에 화재가 발생하면 주변 건물까지 번져 피해가 컸으므로 화재 대비는 꼭 필요했다. 화재 대비가 협동조합으로 이어진 것이었다. 필라델피아 상호화재보험조합은 아직까지도 유지되고 있다.

벤저민 프랭클린(Benjamin Franklin, 1706~1790)은 계몽사상가, 정치가, 과학자로서 여러 업적이 있다. 피뢰침, 다초점 렌즈, 민간형 비행기, 뇌파측정기, 홀로그램 기술 등을 발명하였다. 피뢰침은 화재를 예방하기 위한 그의 발명품이었다.

2. 썬키스트

썬키스트는 세계 과일 채소 업체 중 최대의 마케팅 협동조합이다.

1840년대 무렵 미국 서부 사막에 첫 감귤재배가 시작되었다. 서부에서는 비타민이 풍부한 감귤재배에 대한 수요가 점차 증가했다. 1849년 캘리포니아의 인구가 늘어나면서 식품수요가 증가했다. 1870년에는 서부와 동부를 잇는 대륙철도가 완공됐다. 1891년에는 감귤 유통업자들이 열차운송비를 놓고 농가들과 갈등 문제를 낳았다. 이에 감귤농가들은 공정하지 못하다고 생각하고 방안을 모색한 것이 협동조합 썬키스트다.

P. J. 드레어와 그의 아들 에드워드 L. 드레어는 1893년 클래어

46) https://m.blog.naver.com/sehub

몬트에 있는 남부 캘리포니아 과일 교역소(Southern California Fruit Exchange)를 만들었다(1893년 8월 29일). 에드워드 L. 드레어는 캘리포니아 감귤 산업의 아버지로 알려졌다.[47]

1905년 이 단체 가입자 수가 캘리포니아 감귤 산업의 45%에 해당하는 5천 명에 이르렀다. 이때 명칭도 '캘리포니아 과일 재배자 교역소'로 바꾸었다. 1908년 교역소는 최상급 오렌지에 '썬키스트'라는 이름을 붙였다. 이것은 최초의 브랜드 과일이 되었다.

썬키스트는 현재 회원 6,000명을 내표하는 비영리 단체이다.

썬키스트 브랜드는 5개 대륙, 45개 이상의 국가에서 600종류 이상의 제품에 쓰인다. 주로 과일과 관련된 식품이나 비타민류이다. 기업들은 재배자 협동조합으로부터 상표 이용 허락을 받고 제품에 썬키스트 이름을 붙이고 있다.

썬키스트 쥬스는 일본, 한국, 홍콩, 인도네시아, 말레이시아, 중동지역, 벨기에, 몰타, 오스트리아 등 여러 나라에서 판매되고 있다. 한국에서는 해태음료가 1982년 4월 상표 사용 및 기술 지원 계약을 맺고 1984년 1월 썬키스트 훼미리 쥬스를 출시했다.

47) https://ko.wikipedia.org/wiki

제4장

국제협동조합연맹

제4장 국제협동조합연맹

제1절 창립과정

국제협동조합연맹(International Co-operative Alliance, ICA)은 세계 각국의 협동조합들을 대표하는 세계적인 비정부기구로, 2022년 8월 기준[48)]전 세계 112개국의 318개 협동조합에 소속하고 있는 조합원 약 10억명의 의견을 대변하는 기구이다. 본부는 벨기에 브뤼셀에 있다.

1880년대 당시에 영국과 프랑스에서는 협동조합 운동이 활발하게 진행된 결과 많은 협동조합들이 생겨났으나 운영방식이나 형태가 제각각이어서 이에 대한 실태파악을 위한 교류협력기구의 필요성을 가지게 되었다.

그러던 차 1886년 영국 협동조합대회에서 프랑스의 보아브(E.D. Boyve)가 맨체스터나 런던에 국제협동조합 지도위원회를 설치하고, 이 위원회에서 협동조합원칙에 대해 제정할 것을 제안하였다, 보아브의 제안은 받아들여져서 영국의 협동조합도매연합회(CWS)가 해외조사위원회를 본격 가동하였다. 이를 계기로 영국과 프랑스 간에 협동조합에 대한 교류에 기초를 만드는 결과가 되었다.

보아브는 국제협동조합기구설립을 위해 담당자로서 계획을 수립

48) 협동조합론, 농협중앙회 인재개발원(2022년)

하고 프랑스와 이탈리아의 협동조합대회에서 승인을 받는 등 많은 노력을 하였다.

1887년 보아브는 영국 칼라인 협동조합대회에서 협동조합기구 창설을 공식적으로 제안함과 동시에 동의를 받았다.

1893년 8월 프랑스, 벨기에, 이탈리아, 독일, 네덜란드 등이 참여한 회의에서 아일랜드 대표인 플런켓(H.C.Plunkett)은 생산자협동조합 외에도 소비자협동조합, 농업협동조합, 신용협동조합 등 다양한 형태의 협동조합 참여를 제안하여 동의를 받았고, 홀리요크(G.J.Holyoake)는 국제협동조합 기구의 명칭을 ICA로 할 것을 제안하였다.

1895년 제1회 ICA 대회가 영국 런던에서 개최됨으로써 협동조합의 국제적 연합체인 ICA가 발족되었다.

제2절 조직

초기 ICA의 회원과 집행부의 구성은 유럽의 소비자협동조합이었으나 [49] 1960년 이후 아시아, 아프리카 중남미 지역에서 가입이 활발하여짐에 따라 국제기구로서 그 면모를 갖추게 되었다.

ICA의 조직에는 전체회의, 지역총회, 이사회, 전문위원회, 분과기구, 감사관리위원회, 지역사무소 등이 있다.

지역총회는 유럽, 아시아-태평양, 아프리카, 남북아메리카 4개 지역으로 나누어 개최되었다.

---

49) 협동조합론, 농협중앙회 인재개발원(2022년)

ICA 이사회는 전체회의에서 선출하는 회장 1명, 각 지역총회에서 추천하는 부회장 4명, 분과기구 대표 4명, 청년대표 및 여성대표 각 1명, 선출직 15명을 포함하여 총 26명으로 구성된다. 우리나라는 1997년부터 농협중앙회장이 ICA 이사로 활동하고 있다.

8개의 분과기구에는 농업(ICAO), 금융(ICBA), 소비자(CCW), 수산업(ICFO), 보건(IHCO), 주택(ICHO), 산업 및 서비스(CICOPA), 보험(ICMIF)으로 구성되어 있다.

그 밖에 기능별 전문위원회로 양성평등, 조사연구, 협동조합법, 청년네트워크, 국제협력개발 플랫폼 등이 있다.

제3절 ICA의 발자취(역사)[50)]

1. 1895년 첫 번째 대회

첫 번째 대회는 영국의 런던에서 1895년 8월 19일부터 23일까지 영국 런던에서 열렸다. 이 대회에서는 ICA 창립에 대한 결의문이 공식적으로 채택되었으며, 임시중앙위원회가 구성되었다. 알버트 헨리 조지가 의장을 맡았다.

2. 1896년 정치적 중립 선언

전 세계에 회원들이 서로 다른 정치적 입장을 가지고 있지만, ICA

50) https://ilikes.kr/16. 협동사회연대경제

는 정치적 중립을 유지하면서 평화와 민주주의에 기여하고자 했다.

3. 1923년 첫 번째 협동조합의 날 지정

세계협동조합의 날은 1922년 ICA총회에서 협동조합인의 날을 제정한데서 유래하였다.

ICA는 1차 세계대전으로 인하여 8년 정도 활동이 중단되었다. 1921년 바젤에서 열린 ICA총회에서 집행위원회는 전쟁 이후 환경에 비추어 협동조합 홍보 전략을 수립하기로 결정했다. 세계대전에서 서로 싸웠던 나라들의 통합이 우선 과제였다. 당시 파시스트와 공산주의 등 새롭게 등장한 이념 세력에 대응하여 협동조합의 정체성을 확립하는 것이 중요하였다. 이런 과정에서 1922년 독일 에센에서 열린 ICA집행위원회는 세계협동조합의 날을 제정하기에 이른 것이다. 기념일은 매년 7월 첫째 주 토요일이며, ICA회원에 가입한 세계 각국의 나라에서 이 날을 기념하고 있다.

1992년에는 국제연합(UN) 본회의에서 ICA의 창립 10주년이 되는 1995년 7월 첫 번째 토요일을 '국제협동조합의 날'로 지정하는 결의안이 통과되었다. 이로 인해 각국의 정부에서도 협동조합의 날을 인정하는 기념일이 되었다.

4. 1937년 협동조합 원칙 수정

프랑스 파리에서 열린 제15차 세계협동조합대회에서 협동조합 원칙이 처음으로 수정되었다.

가. 협동조합의 7원칙[51]

1) 4개의 의무원칙

① 자유로운 가입

② 민주적 통제

③ 이용고에 따른 잉여금의 분배

④ 자본에 대한 이자의 제한

2) 3개의 권고원칙

① 정치적, 종교적 중립

② 현금판매

③ 교육의 발전

5. 1946년 UN의 인정

ICA는 UN에서 최초로 자문 역할의 지위를 얻은 3개의 비정부 조직 중 하나로 인정 되었다.

6. 1966년 협동조합 원칙 수정

협동조합 원칙이 두 번째로 수정되었고, 제6원칙 협동조합 간의 협동을 포함하였다.

---

51) 처음 만나는 협동조합의 역사. 김신양(2021)

가. 협동조합 6원칙[52)]

1) 협동조합의 가입은 자발적이어야 하고, 서비스를 이용하려 하거나 구성원으로서, 책임을 다하는 데 동의한 모든 사람에게 가입이 개방되어야 한다.

2) 협동조합은 민주적인 조직이다.

3) 자본에 대해 이자를 지급하는 경우에 그 비율은 엄격히 제한된다.

4) 잉여금이나 예금은 조합원들의 것이며, 분배될 경우, 누군가가 다른 이들보다 더 이익을 보지 않도록 해야 할 것이다.

5) 모든 협동조합은 조합원들, 지도자들, 임금노동자들 그리고 많은 일반 대중들을 대상으로 경제적이고 민주적인 측면에서 협동조합의 원칙과 방법에 대한 교육을 제공하기 위해 기금을 조성해야 할 것이다.

6) 지역사회에 가능한 최선의 편익을 제공하기 위하여 각 협동조합 조직은 지역, 국가, 국제적 단위에서 다른 협동조합들과 적극적으로 협동해야 할 것이다,

7. 1982년 본부 이전

1895년부터 영국 런던에 있던 본부를 주요 국제기관들이 위치해 있는 스위스의 제네바로 옮겼다.

52) 처음 만나는 협동조합의 역사. 김신양(2021)

8. 1992년 지역 사무소 설립

글로벌화와 지역화의 도전에 응하기 위해 아프리카, 아메리카, 아시아태평양, 유럽 4개 지역에 지역 사무소를 설립하였다.

9. 1995년 협동조합 정체성 선언

제31차 세계협동조합대회에서 협동조합 정체성 선언문을 채택하였다. '제7원칙 지역사회에 기여'를 추가하였다.

1995년 영국의 맨체스터에서 열린 ICA창립 100주년 기념총회에서 채택한 선언문은 협동조합의 정의와 글로벌 협동조합 운동의 가치와 원칙을 기술하였다. 2001년 유엔총회의 '사회개발과 협동조합에 관한 결의안 56-114호'는 각 국가에서 협동조합법에 있어 검토되거나 활용되도록 하였다.

가. 협동조합의 정체성[53]

1) 정의

협동조합은 공동으로 소유되고 민주적으로 통제되는 사업체를 통하여 공통의 경제적, 사회적, 문화적 필요와 열망을 충족시키기 위하여 자발적으로 결속한 사람들의 자율적인 결사체이다.

---

53) 처음 만나는 협동조합의 역사. 김신양(2021)

2) 가치

협동조합은 자조, 자기책임, 민주주의, 평등, 공정함과 연대의 가치에 기반 한다. 창건자들의 전통을 계승하여 협동조합원들은 정직, 투명성, 사회적 책임, 타인에 대한 보살핌이라는 윤리적 가치를 믿는다.

3) 원칙

① 자발적이고 개방적인 조합원 제도
② 조합원에 의한 민주적 통제
③ 조합원의 경제적 참여
④ 자율과 독립
⑤ 교육, 훈련, 정보제공
⑥ 협동조합 간 협동
⑦ 지역사회에 대한 고려(기여)

10. 2001년 UN의 지지

UN은 전 세계 협동조합 발전에 우호적 환경 조성을 위한 가이드라인을 채택하였다.

11. 2002년 국제노동기구의 지지

1995년 ICA의 협동조합 정체성 선언은 국제노동기구(ILO)의 '협동조합 활성화 권고 193'에 반영되었고, 이는 국제적으로 통용되는 문시가 되었다.

12. 2009년 ICA 첫 여성회장 선출

영국 의회 의원과 영국 협동조합 연합회 최고책임자를 역임했던 담 폴린 그린을 회장으로 선출하였다. 이로 인하여 ICA의 첫 번째 여성 회장이 되었다.

13. 2012년 세계 협동조합의 해 선언

UN은 2012년을 세계협동조합의 해로 선언하고, 협동조합이 사회경제 발전에 기여함을 기념했다.

2009년 유엔총회에서 2012년을 세계협동조합의 해로 지정하는 결의안을 통과시킴으로써 협동조합에 대한 국제기구의 신뢰를 보여주었다. 이로써 회원국가나 단체들에게 협동조합을 장려하고 사회적, 경제적 발전에 대한 공로를 인정해 '세계협동조합의 해'를 기념하도록 권장하였다.

14. 2013년 본부 이전

스위스의 제네바에서 벨기에의 브뤼셀로 본부를 이전하였고, 국제 비영리 조직으로 등록했다.

15. 2016년 ICA와 유럽 집행위원회가 파트너십 관계 맺음

2016년 3월에 ICA와 유럽 집행위원회(European Commission)간에 파트너십 관계를 맺었다.

16. 2019년 ILO와 ICA의 역사적 컨퍼런스 개최

ILO와 ICA는 스위스 제네바에서 협동조합과 노동의 미래에 대한 합동 컨퍼런스(회의)를 개최했다.

17. 2020년 글로벌 청년 포럼 개최

ICA는 말레이시아 사라왁에서 「협동조합 기업가 정신」이라는 주제로 첫 번째 글로벌 청년 포럼을 개최하였다.

18. 2022년 ICA 총회 개최[54)]

2022년 ICA 총회는 6월 20일에 스페인의 세비야에서 개최되었으며, 스페인 노동자협동조합연합회(COCETA)가 주최하였다.

ICA의 실무적 총회는 매년 개최된다.

전 세계협동조합인들이 모이는 행사로서의 총회는 2년마다 개최되고 있다.

2017년 시작된 현재 이사회 임기는 2022년에 종료됨으로 6월 세

54) https://blog.naver.com/PostView.naver

비야 총회에서 이사회 선거가 진행되었다.

2022년 총회 주요 안건은 ① ICA회장 및 이사회 선출 ② 2021년 회계 승인 ③ ICA 활동 보고서 승인 ④ 마지막 선출 총회(2017.11) 이후 진행된 ICA 구조적 및 제도적 변화 경과 등이었다.

19. 2023년 '지속가능한 발전을 위한 협동조합' 슬로건 발표[55)]

'지속가능한 발전을 위한 협동조합(Cooperatives for sustainable development)'이라는 슬로건으로 협동조합의 날을 기념하였다.

아리엘 과르코 국제협동조합연맹(ICA) 회장은 "협동조합은 지속가능발전목표를 실현하기 위한 모델을 이미 갖추고 있고 이를 지난 200년 동안 증명해 왔으며, 특히 올해는 2030 실행 목표의 중간 시점으로써 협동조합을 비롯한 모든 기업들이 인류와 지구에 초점을 맞춰야 한다."라고 말했다.

ICA는 '세계협동조합의 날' 협동의 힘으로 무엇을 이룰 수 있는지 전 세계에 알리기 위해 제29회 국제 협동조합의 날이자 101번째 세계협동조합의 날 7월 1일을 이 슬로건으로 기념하였다.

세계협동조합의 날 주제는 1995년부터 ICA와 UN협동조합진흥위원회(COPAC)가 공동으로 정한다.[56)]

---

55) https://www.lifein.news/news/articleView.html

56) https://blog.naver.com/PostView.naver

제4절 ICA 협동조합 정체성 7대 원칙(1995)

1. 자발적이고 개방적인 조합원 제도

– 사회·인종·정치·종교적 차별 없이 모두에게 열려 있는 조직

2. 조합원에 의한 민주적 관리

– 조합원마다 동등한 투표권(1인 1표)을 가지며, 민주적인 방식으로 조직 및 운영

3. 조합원의 경제적 참여

– 협동조합의 자본은 공정하게 조성되고 민주적으로 통제. 잉여금은 유보금 적립과 조합원 편익 제공, 활동 지원 등에 배분

4. 자율과 독립

– 조합원에 의한 민주적 관리 보장과 협동조합 자율성 유지

5. 교육, 훈련 및 정보 제공

– 조합원과 임원, 경영자 및 직원들에게 교육과 훈련 제공. 이해관계자들에게 협동의 본질과 장점에 대한 정보를 제공

6. 협동조합 간 협동

– 공동으로 협력 사업을 하여 협동조합의 힘을 강화

7. 지역사회에 대한 기여

– 지역사회에 대하여 지속 가능한 발전을 위해 노력

■ ICA의 원칙 변화 과정[57)]

ICA의 원칙은 설립과 동시에 선언된 것이 아니다. 그 변천 과정을 살펴보는 것도 중요하다고 본다.

1) ICA 1921년 10차 바젤 대회 : "로치데일원칙" 정형화

① 1인 1표 ② 조합원 출자 자금조달 ③ 출자이자 제한 ④ 잉여금 이용고 배당 ⑤ 상품 시가로 조합원 공급 ⑥ 외상금지, 현금판매 ⑦ 좋은 품질, 정량 공급 ⑧ 정치와 종교 중립 ⑨ 조합원 교육 활성화 : ①~④항은 ICA 가입 절대조건이었다.

2) ICA 1937년 15차 파리 대회 : 협동조합 7원칙 정형화

① 자유로운 가입(개방성) ② 민주적 운영(1인 1표) ③ 이용고에 따른 잉여금 배분 ④ 출자배당 제한(이자제한) ⑤ 정치, 종교 중립 ⑥ 현금 거래 ⑦ 교육 촉진

– ①~④항은 의무 사항, ⑤~ ⑦항은 권고 사항

3) ICA 1966년 23차 비엔나 대회 : 신6원칙 채택, 특히 협동조합 간 협동의 원칙 추가

① 가입, 탈퇴의 자유 ② 민주적 운영 ③ 출자배당 제한(이자제한)

57) https://m.blog.naver.com/stupa84

④ 잉여금의 공정배분 ⑤ 교육제공 기금조성 ⑥ 협동조합 간 협동(지역 간이나 국제단위 간에 적극적으로 협동)

4) ICA 1980년 27차 모스크바 대회 : 레이드로 보고서 「2000년의 협동조합」 토의, 21세기 협동조합 4가지 과제 제시
① 식량문제 도전 및 기아 극복 ② 인간적이고 의미 있는 일자리 창출(노동이 자본을 고용하는 노동자생산협동조합) ③ 탈 낭비의 사회 및 환경 보전 ④ 협동조합지역사회 건설

5) ICA 1988년 29차 스톡홀름대회 : 마르쿠스보고서 「협동조합의 기본적 가치」 토의
① 조합원 참가 ② 성실 ③ 민주적 운영 ④ 타인에 대한 배려

6) ICA 1992년 30차 도쿄대회 : 뵈크 보고서 「변화하는 세계와 협동조합의 기본적 가치」 토의. 사람들의 결사체, 효율적인 멤버 증진.
① 민주적인 경영과 참여 ② 자율과 독립 ③ 정체성과 통일성 ④ 인적 자원 개발(교육) ⑤ 이윤의 공정한 배분 ⑥ 국내 및 국제적 협동

7) ICA 1995년 31차 맨체스터 대회(100주년 대회) : 원칙 개정, '새로운 협동조합의 정의, 가치, 원칙' '21세기에의 선언' 채택
① 자발적이고 개방적인 조합원 제도 ② 조합원에 의한 민주적 통제 ③ 조합원의 경제적 참여 ④ 자율과 독립 ⑤ 교육, 훈련, 정보제공 ⑥ 협동조합 간 협동 ⑦ 지역사회에 대한 고려

제5절 우리나라와의 관계[58]

우리나라 농협은 1961년 종합농협이 되면서부터 ICA에 가입하려 하였다. 그러나 당시에는 농협중앙회장을 대통령이 임명하도록 되어 있었다. 이게 ICA의 원칙에 하나인 정치적 중립의 원칙에 반한다 하여 가입하지 못하다가 1963년 준회원의 자격으로 가입하였다. 그 후 1972년 폴란드 바르샤바에서 개최된 제25회 ICA총회에서 준회원 제도가 폐지됨에 따라 자동으로 정회원이 되었다.

우리나라는 농업협동조합중앙회가 1963년에 회원으로 가입하여 그 역할을 수행하고 있다. 1997년 9월 제네바 총회에서 원철희 농협중앙회장이 ICA 이사회의 이사로 선임되었다. 그 뒤로 역대 농협중앙회장이 ICA 이사로 활동하였다.

또한, 한국 농업협동조합중앙회는 1998년 세계 농업협동조합을 대표하는 공식기구인 ICA 농업분야 분과기구 국제협동조합농업기구(ICAO) 회장으로 선출된 이후 농협중앙회 내에 ICAO 사무국을 설치하여 운영하고 있다.

ICAO는 세계 농업부문 및 농협기관간의 상호 교류와 협력을 도모하며, 각국의 농업과 농협발전을 위하여 조사사업을 수행하고 있다.

2008년 12월에 베트남 하노이에서 열린 ICA이사회에서는 아이쿱생협의 가입이 만장일치로 승인되었다. 이로써 아이쿱생협은 ICA의 220번째 회원국이 되었다.

현재까지 ICA에 가입한 우리나라 협동조합은 농협, 새마을금고,

---

58) 협동조합론, 농협중앙회 인재개발원(2022년)

산림조합중앙회, 신협, 수협, 아이쿱생협, 일하는 사람들의 협동조합연합회(워커쿱연합회)가 있으며, 준회원으로 두레생협과 대학생협이 가입되어 있다.

제5장

우리나라 협동조합

제5장 우리나라 협동조합

제1절 협동조합운동 시초

우리나라는 고대로부터 조선말기 말기에 이르기까지 유럽 등에서 열풍을 일으키고 있었던 협동조합운동과 같은 역사 기록이나 자료들이 미미한 듯하다.

주장하는 사람에 따라 신라시대 등 옛적부터 내려오던 계모임을 협동조합의 시초[59]로 보는 이도 있다. 또한 두레나 향약을 그 시초로 들기도 한다.

한국 농협의 뿌리를 소개[60]하면서 1907년(광무11년) 5월 30일에 발표된 칙령 제33호 14개조로 이루어진 지방금융조합규칙에 의거 설립된 금융조합을 농협설립의 시초이자 협동조합의 시초로 보는 견해가 있다. 지금의 농업협동조합에 비추어 본 것이다.

당시 칙령에 의하면 그 목적이 농민의 금융완화(농업자금대부)와 농민이 생산한 곡류의 창고 보관에 있었다고 한다. 문제는 당시 농민들의 자발적인 조직이 아니라 통감부 주도의 정부은행 형태라는 것이었다. 또한 일제 시대에는 일본 통독부의 지도 아래 운영되는 관제협동조합의 성격이 강했다.[61] 1918년에는 도道연합회를 만들어

59) https://m.blog.naver.com/gain_laa

60) https://brunch.co.kr/@hellofarmer/46

61) http://www.ecumenian.com/news/articleView.html

금융기능을 강화하였고, 1933년에는 전국 단위 조선금융조합연합회를 설립함으로써 은행 조직으로 바뀌어 협동 조합의 성격을 완전히 상실하였다.

다른 이는 1910년 이후 일제 시대에 협동조합이 태동[62]하는 시점으로 보는 이들도 있다. 문헌상으로 남은 자료에 의하여 최초의 자생적 민간협동조합을 1920년에 설립된 '경성소비조합'과 '목포소비조합'으로 보는 견해이다.

1927년에 설립한 경상북도 상주시 함창읍의 '함창협동조합'[63]을 우리나라 최초의 민간협동조합으로 보고 있어, 상주에 협동조합 역사문화관를 운영하고 있는 사례도 있다.

어떤 이는 1957년 우리나라 농업협동조합법 제정 후 1958년 4월 농업협동조합이 설립된 때를[64]협동조합의 최초로 보는 견해도 있다.

제2절 설립연대별로 본 협동조합의 역사

1. 1900년대 이전의 협동운동

가. 계[65]

계란 우리나라의 전통 협동조직이다. 계회契會 또는 회會라는 명칭

62) https://m.blog.naver.com/stupa84

63) https://sunnyhanbit.tistory.com

64) https://www.bing.com 기획재정부 자료

65) https://namu.wiki/w

을 붙이기도 하는 모임체이다. 계는 상고 시대부터 있었던 것으로 보이며, 풍습이나 생활방식이 같은 사람들끼리 상부상조하는 모임체로 조직되어 자리 잡았다.

현대로 오면서 계모임하면 돈을 모아 주고받는 사금융의 의미로 생각하는 경우가 많아졌다.

계의 수단에는 돈이나 곡식, 노동 등이 있었으며 여러 사람이 서로 친목을 도모하고 경제적으로 돕는 차원에서 이용하였다.

이러한 계는 다분히 지역적 연대와 전통주의 및 도의적인 성격이 강하였다.

계의 주요 기능은 목돈 마련이나 마을행사, 문중행사, 집안행사, 개인행사, 친목행사 등의 부조나 노동력 제공에 있어서 중요한 역할을 하였다.

결론적으로 계는 공동체 의식을 공고히 하는 데 기여했다고 본다.

계에는 동계洞契와 종계宗契, 산림계山林契, 성황계城隍契, 혼인계婚姻契, 회갑계回甲契, 위친계爲親契, 상포계喪布契, 돈 계, 친목계 등 여러 가지 계 조직이 있었다.

돈 계에 있어서 먼저 순번을 타는 사람은 목돈을 확보할 수 있으므로 필요한 투자나 급히 필요한 자금을 마련할 수 있으며, 나중에 타는 사람은 그 만큼 높은 금리를 쳐서 수령할 수 있다는 이점이 있었다. 다만, 먼저 돈을 받은 사람이 돈만 받고 그냥 잠적하는 경우에는 낭패로 이어져 많은 문제를 만들기도 하였다. 지금 같으면 형법상 배임죄에 해당하는 범죄행위이다.

조선시대 계첩契帖의 구성[66]은 서序, 입의立議, 좌목座目, 발跋로 되

66) https://encykorea.aks.ac.kr/Article

어 있었다.

서는 완의完議라고도 하며, 계를 설립한 유래, 목적, 역사, 효과 등을 적었다.

입의는 절목節目, 계헌稧憲, 범례, 조약, 규약 등으로도 불렸는데, 준수해야 할 항목들을 나열한 것이었다. 여기에는 감독 규정, 임원의 선출, 임원에의 예우 등이 포함되기도 하였다.

좌목은 계원 명부로, 계원의 신분이 양반인 경우는 생년의 간지·호·본관 등을 기재하였다.

발은 계 성립의 전말 등을 기입한 것으로, 대개는 양반들의 계일 경우에 작성되었다.

이 밖에도 계첩에는 계 재산의 수지收支, 재산목록과 소유전답 등의 기록이 있는 것도 있다. 근대에는 계의 규약이 장章과 조條로 나누어지고, 그 내용을 상세히 규정하는 회칙 내지 정관의 형식을 취하고 있다.

나. 두레[67]

두레는 농촌에서 향촌 주민들이 부락 단위로 둔 공동 노동 조직이다. 조선 후기에 이앙법이 보편화되면서 두레가 정착된 것으로 본다.

농사철에는 서로 도우며 농사일을 했으며, 각종 애경사도 함께 하였다. 두레에는 여성들의 길쌈을 위해 조직된 '길쌈두레'와 남성들의 삼(대마) 농사를 위한 '삼 두레'가 있다.

두레는 마을 단위로 경작지에 대해 조직적으로 집단작업을 하였

67) https://ko.wikipedia.org/wiki

으며, 개인의 경지 면적과 노동력에 따라서 임금과 같은 보상을 받기도 하였다. 때로는 대외적인 군사 조직으로 동지동업同志同業에 의한 결사의 뜻을 가지기도 하였다.

이런 의미에서 마을의 농악대農樂隊와 두레는 관계가 있을 것으로 본다.

다. 향약[68]

향약鄕約은 조선시대 향촌 사회의 자치규약이다. 조선 중기에 지방 사림이 농민, 노비 등 하층민을 지배하기 위하여 유교 윤리를 들어 향촌의 공동 조직을 구성한 것이다.

다양한 형태의 향약이 생겨나 작은 마을을 단위로 하여 시행되었다.

향약은 선조 때 이이가 창안한 내용을 토대로 하여 기호 지방에 널리 퍼졌고, 영남 지방에서는 경제적 상부상조보다는 도덕 질서와 계급 질서의 안정에 주안점을 둔 이황의 향약이 큰 영향을 주었다.

향약은 그 규모를 줄이고, 삼강오륜의 도덕규범을 따르도록 하는 교화와 통제의 성격이 강하였다.

향약의 덕목은 다음과 같다.

1) 덕업상권德業相勸 : 좋은 일은 서로 권한다.

2) 과실상규過失相規 : 잘못은 서로 규제한다.

3) 예속상교禮俗相交 : 예의 바른 풍속으로 서로 교제한다.

4) 환난상휼患難相恤 : 어려운 일이 있으면 서로 돕는다.

16세기 초에 개혁적인 목적을 가지고 시작되었던 향약은 지방

---

68) https://ko.wikipedia.org/wiki

사림의 폐쇄성이 강화되고 농민에 대한 통제의 기능이 커지더니 조선 후기에는 농민 수탈의 도구로 까지 전락되어 갔다. 18세기 말 19세기 초의 실학자 정약용은 "향약이 도둑보다 심하다"고 비판한 바 있다.

2. 1910년까지의 협동조합

가. 금융조합(1907)

1907년(대한제국 광무11년) 5월 30일에 발표된 칙령 제33호 14개조로 이루어진 지방금융조합규칙이 발표되었다. 이 규칙에 의거 '광주금융조합'이 1907년 6월 28일 최초로 설립허가를 받았고, 같은 해 11월 1일부터 업무를 개시하였다. 이 규칙 시행 초기년도인 1907년도에는 17개 조합이 신설되었고, 1908년도에 30개 조합, 1909년에 53개 조합이 생겨나 대한제국시대에 이미 100개의 조합이 있었다고 전해지고 있다.[69] 1914년에는 227개 조합으로 늘어나 거의 1개 군 1개 조합 체제 수준이었다.

1914년 5월 27일에는 대한제국시대의 금융조합규칙을 폐지하고 제령 제22호로 지방금융조합령이 공포되어 같은 해 9월 1일부터 시행되었다. 1918년에는 이 금융조합이 도금융조합연합회로 확대 개편되었다. 1933년에는 도연합회를 대체하여 조선금융조합연합회가 발족하였다. 그러나 이 금융기관은 당시 일제로부터 우위성과 특권을 부여받은 우리나라 농촌의 수탈기관으로서 협동조합이 아

69) 김용택, 「한국 농협의 뿌리와 성립과정」

니라는 평가가 다수이다.[70]다만, 근대적 금융기관이라고만 보는 견해이다.

나. 어업조합(1910)[71]

1910년 8월 거제어기조합장 신영위(거제 둔덕면 출신, 1910년 당시 70세) 등은 혼란한 어기조합의 조직을 재정비하고 있었다. 1911년 6월 총독부의 어업령 공포 직전 거제어기조합은 1910년 8월 19일 '거제한산가조어기모곽조합'이라고 명칭을 변경하고 1911년 11월 30일 거제군어업조합을 재창립하였다.

3. 일제 시대의 관제 협동조합

가. 금융조합(1907)

1907년에 생겨난 금융조합이다. 앞에서 다루었기 때문에 설명은 생략한다.

나. 축산조합(1911)[72]

일본에 국권이 침탈당한 뒤 일제는 축산업협동조직의 설립을 유도, 장려하였다. 1910년대 초에 개성축산조합이 조직되었으며 이

70) https://blog.naver.com/PostView.nhn?blogId=stupa84

71) http://www.gjnewsplaza.com

72) https://encykorea.aks.ac.kr/Article

를 효시로 본다. 1915년 '조선중요물산동업조합령朝鮮重要物産同業組合令'이 공포됨에 따라 법인체의 형태를 갖춘 축산동업조합으로 개편되었다. 이 조직은 군郡·도島를 업무구역으로 군수·도사島司를 조합장으로 하는 관제조합官製組合이었는데 각 도마다 연합회를 두어 운영하다가 1933년 조선농회朝鮮農會에 흡수되었다.

다. 조선어업조합(1912)[73]

한일합방 후 일제는 1911년 어업령을 공포[74]하였다. 지역 내에 거주하는 어업자는 조선총독부의 허가를 얻어 어업조합을 설립할 수 있도록 하였다. 이에 따라 1912년 최초의 어업조합이 설립되었다. 어업자 또는 수산물 제조 및 판매업자는 조선총독의 허가를 받아 수산조합을 설립할 수 있게 하였다. 1930년에는 도연합회가 만들어졌으며, 1937년에는 조선어업중앙회가 발족하였다. 어업조합은 1941년 말 206개 조합에 15만 6천명까지 조합원이 확대되었다. 1944년 일제총독부의 수산단체 통합요강에 따라 산하 단체인 조선수산업회로 통합되었다.[75] 1949년 한국수산협회를 거쳐 1962년 4월 지금의 회원조합과 중앙회를 동시에 발족하였다.

라. 산업조합(1926)[76]

73) https://www.wikiwand.com/ko

74) https://blog.naver.com/PostView.nhn?blogId=stupa84

75) http://www.ecumenian.com/news/articleView.html

76) https://blog.naver.com/PostView.nhn?blogId=stupa84

우리나라 최초의 협동조합 또는 우리나라의 근대적 협동조합의 효시로 보는 견해도 있다. 1926년에 설립되어 1940년에는 115개소에 221천명의 조합원이 있었다고 한다. 그러나 도연합회만 허용될 뿐 전국연합체는 인정되지 않았으며, 임원의 선임은 도지사의 허가를 받도록 하였고, 사업은 신용사업이 제외된 구매·판매·이용의 3종 겸영으로 하는 등 조직·운영·사업에 대한 제약이 있었다. 산업조합이란 특산품만을 한정하여 구매, 판매, 이용 사업을 할 수 있었다. 이처럼 한정되어 운영하나 보니 활성화가 되지 않자, 1932년에는 일반 농산물까지 사업범위를 확장하였다. 1940년에는 조합 115개, 조합원수 22만 명이나 되었다. 그러나 금융조합과의 갈등 속에서 1943년에 해산되었다.[77]

마. 농회(1926)[78]

1910년 경술국치를 계기로 산업정책의 중점은 일본에 대한 식량 보급용 미곡증산, 일본의 주도산업인 섬유공업원료, 즉 면화와 잠견蠶絹 증산, 한우韓牛 증식, 새끼·가마니·과수·채소 등의 증산이었다. 이러한 정책을 수행하기 위해 농민조직으로 지주회地主會, 면작조합, 양잠조합, 축산조합, 승입조합繩▩組合 등 각종의 농민조직체를 두었다. 그러나 사업시행 중 각종 마찰과 폐단이 생겨 이를 정리한 것이 농회이다.

농업에 관한 분쟁의 조정과 중재를 주요 업무내용으로 규정하는 '조선농회령'을 1926년 1월에 공포하였다. 이를 근거로 각 도는 계

---

77) http://www.ecumenian.com/news/articleView.html

78) https://ko.wikipedia.org/wiki

통농회 설립에 착수하여, 동년 6월까지 212개소의 단위총회를 설치하였으며, 동년 10월까지 13개 도농회가 설립되었고 다음 해 3월 조선농회가 설립됨으로써 법령에 의한 계통농회 성립의 완성을 보게 되었다. 그러나 농회령에 근거한 이 조직은 행정기관에 장악됨으로써 행정부의 하부기관이나 다름없었다. 설립 초기에는 농사의 지도·장려에만 주력하였으나 점차 행정의 하청기관으로서 농회의 역할이 중시되었다. 1937년 중일전쟁이 발발하면서부터 총독부 하청단체로서의 농회 성격은 더욱 노골화되어 농회는 지방행정기관과 밀접한 협조 아래 농산물 공출 독려기관으로 전락했다. 종국에는 농민의 압력단체로서 군림하게 되었다.

바. 식산계(1935)[79]

식산계殖産契는 금융조합이나 산업조합의 하부조직으로 1935년 3월 '식산계령'의 공포로 조직되었다. 이는 부락 내에 거주하는 자로 조직되는 소규모의 조합으로서, 법인격을 갖추었으나 협동조합의 성격을 전혀 지니지 못하고, 금융조합과 산업조합의 대행기관의 구실을 하는데 불과하였다. 식산계령의 공포를 계기로 금융조합은 우선 1개 조합 당 4-5개의 부락을 선정하여 계를 설치하도록 하였다. 1938년 이후는 식산계 확충 5개년계획을 수립, 1944년까지 전국 48,838개소(금융조합계)의 설립을 보게 되었는데 취급품목은 곡물·임산물·직물이었다.

중일전쟁에 이어 세계 제2차 대전의 발발을 계기로 1940년에는

79) https://ko.wikipedia.org/wiki

부락 단위의 생산확충계획이 수립되고, 식산계는 일본의 전시행정의 최첨단의 기수가 되도록 강요받았다. 특히 통제강화를 위한 조합원 확충에 적극적인 노력을 기울여 1944년에는 조합원 수가 281만명으로 늘어났으며, 1945년 6월 말 식산계는 약 48,000개에 계원 수 320만명을 헤아리게 되었다.

광복 후 금융조합과 산업조합의 활동이 저조해짐에 따라 식산계의 활동도 부진상태를 면치 못하였으나 금융조합이 농사자금의 효율적인 공급을 위하여 지도식산계指導殖産契를 실시함으로써 식산계의 활동이 다시 활기를 찾기 시작하였다. 또한 협동조합 조직문제가 논의되면서 식산계를 단위조합 조직체로 지도·육성하기 위하여 1954년 이래 식산계의 부흥 사업이 전개되어 1955년 3월말 현재 식산계의 수는 34,755개소, 계원 수는 220만명에 달하였으며 공동경작지로 논 83만평, 밭 81만평을 소유하였고 발동기와 양수기 등의 공동시설을 가지고 있었다. 그러나 식산계는 1957년에 제정된 농업협동조합법에 의하여 그 업무와 재산의 일체를 이동異洞농업협동조합에서 인수, 청산하게 됨으로써 해산되고 말았다.

4. 1911~1920년까지의 협동조합

1920년에 설립된 '경성소비조합'과 '목포소비조합'[80]이 있었다. 이 두 조합을 문헌상으로 확인한 최초의 자생적 민간협동조합으로 보는 견해가 있다.[81]

---

80) https://m.blog.naver.com/stupa84

81) http://www.ecumenian.com/news/articleView.html

5. 1921~1930년까지의 협동조합

대중적으로 전개된 협동조합운동은 농촌지역을 중심으로 한 농협운동이었다. 이러한 협동조합운동은 YMCA가 설립한 농촌협동조합, 천도교의 조선농민사가 추진한 농민공생조합, 일본유학생들의 협동조합운동사가 추진한 농촌조합으로 크게 세 갈래로 전개되었다. 그러나 이러한 흐름이 독립운동으로 발전할 것을 우려한 일제 총독부에 의해 1933년 강제 해산 당하였다. 일제하의 민간협동조합운동은 일제의 지배에 저항하는 정치적 목적과 서민의 경제자립에 대한 경제적 목적이 결합된 운동이었다.[82]

가. 1921년 조선노동공제회 소비조합

1921년에 조선노동공제회의 부속기관으로 소비조합[83]이 조직되었다.

나. 1925년의 조선농민사[84]

조선농민사는 1925년 10월에 서울에서 조직된 농민운동단체이다. 농민의 지위향상 등을 표방하였으며, 서울 종로의 기독교청년회관에서 창립하였다.

천도교청년당天道教青年黨의 김기전金起田, 조기간趙基栞, 이돈화李敦

82) http://www.ecumenian.com/news/articleView.html

83) https://m.blog.naver.com/stupa84

84) https://encykorea.aks.ac.kr/Article

化, 박사직朴思稷 등과, 농민운동에 관심이 있는 이성환李晟煥(동경유학생), 선우전鮮于全(동아일보사촉탁), 이창휘李昌輝(변호사), 박찬희朴瓚熙(동아일보기자), 김준연金俊淵(조선일보기자), 유광렬柳光烈(조선일보기자), 김현철金顯哲(시대일보기자), 최두선崔斗善 등이 창립자들이었다.

초대 중앙이사장에는 이성환이 선출되었다. 본부는 서울에 두고 지방에 각 지부와 사우회社友會를 조직하였다. 1925년 12월에는 월간 《조선농민》을 창간하고, 농촌계몽운동에 힘을 쏟아 1928년 2월 158개소의 지부에 1만 6,570명의 사우社友를 확보하였나.

중앙이사회에서는 지방조직을 더욱 확대하기 위해 그 해 2월 사제社制 개정을 단행했다, 이때 사원의 범위를 자작농自作農, 자작 겸 소작농, 소작농, 농업노동자, 농촌수공업자, 농촌체력노동자로 확대하였다. 조직에 있어서는 이里농민사, 면面농민사, 군郡농민사, 조선농민사(중앙회)로 계열화하였다.

군농민사 사업부서로는 서무부, 경리부, 교양부, 알선부斡旋部, 선전조직부를 두었다. 중앙조직에는 이외에 조사출판부를 두었다. 그러나 1930년 4월 6일 〈제3차 조선농민사 전국대표자대회〉에서 천도교 청년당 측이 제안한 '법적관계 3개조안'이 통과되면서 자주적 임원 선출권, 결의권, 운영권을 상실하게 되었다.

이에 이성환 등 비천도교청년당측 인사들이 탈퇴하여 별도로 '전조선농민사全朝鮮農民社'를 설립함으로써 분열되었다.

조선농민사는 창립 초기부터 기관지 《조선농민》, 《농민》을 발행하고 각종 강연회를 개최, 농민의 지식 계발과 교양운동을 벌였다. 또, 농민야학을 통한 농촌운동을 전개하여, 우수농민야학을 표창하면서 『농민독본農民讀本』, 『한글독본』, 『대중산술』, 『비료제조 및 사용법』, 『대중독본』 등 야학 교재를 발행하였다.

1931년부터는 기존의 알선부 사업을 독립시켜 일종의 협동조합인 '농민공생조합農民共生組合'을 설치, 운영하였고, 그 밑에 생산조합의 성격을 띤 '농민공동경작계'를 조직, 운영하여 농민의 경제적 이익 획득과 생활 향상에 힘썼다.

조선농민사는 함경남도와 평안북도를 중심으로 전개되었다. 사업내용은 농민들에게 생활물자의 구매알선, 생산물의 판매알선 등이었다.

다. 1926년 기독교(YMCA)계의 농촌협동조합[85)]

기독교계의 협동조합운동은 1926년을 전후하여 경성중앙기독청년회가 서울 부근에 8개의 농촌협동조합을 조직한 것으로부터 시작되었다. 기독교의 전국적인 조직체계를 활용하여 부락단위 협동조합을 조직하였으며, 전성기에는 전국의 조합수가 7백20개에 달하였다고 한다. 1930년에는 『농촌협동조합과 조직법』을 발간하였다.

라. 1926년 일본 동경 협동조합운동사[86)]

1926년 봄에는 일본 동경에서 우리나라 동경유학생이 '협동조합운동사'를 조직하고 기관지인 《조선경제》를 발간하였다. 그해 여름 간부 몇 사람이 귀국하여 경북지역에서 협동조합에 대한 계몽활동

85) https://m.blog.naver.com/stupa84

86) https://m.blog.naver.com/stupa84

을 하였다.

1928년 동경에 있던 협동조합운동사의 본부를 서울로 옮기고 본격적인 협동조합운동을 전개하였다. 그해 가을에는 충남, 경남, 경북 등에 22개의 조합이 설립되었고 조합원수는 약 5천명이었다. 1932년 말에는 80개 조합에 2만명의 조합원이 있었다.

마. 1927년의 함창협동조합

집필 중 우연히 자료를 검색하다가 경북 상주에 있는 함창협동조합이 우리나라 협동조합의 효시라는 것과 전시관(문화관)도 있다는 정보에 따라 나는 2024년 6월에 그곳으로 가서 현장을 확인하고 자료도 수집하여 왔다.

경상북도 상주시 함창읍 명주테마파크 안에 2020년 개원한 '협동조합 역사문화관'이다. 이 문화관은 사업비 120억원을 들여 지은 연면적 413㎡ 규모의 협동조합 역사문화관으로 상주 함창협동조합이 대한민국 민간협동조합의 효시임을 널리 알리기 위해 각종자료를 전시해 놓고 있었다. 문화관 정문에 대한민국 민간 협동조합 발상지라는 기념비가 세워져 있다.

이 문화관에는 1920~1930년대 함창협동조합 설립과 운영과정을 비롯해 당시 생활 실태 등 대한민국 협동조합의 발상부터 확산, 일제 탄압에 의한 해산에 이르기까지의 전 과정을 전시하였다. 또한 함창협동조합과 관련한 역사기록물과 칼럼, 기사, 주요 인물들의 스토리 등을 한눈에 볼 수 있었다.

이 밖에 1844년 설립된 세계 최초의 협동조합인 영국 로치데일

공정선구자 협동조합부터 스페인 몬드라곤, 바르셀로나, 썬키스트 협동조합 등 세계 협동조합의 역사도 일목요연하게 만날 수 있었다.[87]

함창협동조합은 1927년 1월 14일 목촌 전준한이 설립하였다. 설립 장소는 경북 상주 함창 오사리 215번지였다. 당시 발기인은 8명이었다.

당시 설립자 전준한과 주도한 전진한은 형제간으로서, 일본 도쿄 유학시절 전진한이 협동조합연구모임인 '한빛'을 조직하였다. 이때 이 조직의 회원으로 활동하던 전준한이 귀국해 1927년 1월 함창협동조합을 설립한 것이다.

함창협동조합이 우리나라 최초의 협동조합이라고 주장하는 이유로는 크게 두 가지를 들고 있다.

첫째 우리나라에서 '협동조합'이라는 명칭을 처음 사용하였다(역사문화관에 문헌 자료 전시).

둘째 협동조합의 원칙이 있었다(역사문화관에 문헌 자료 전시).

함창협동조합이 문을 연지 며칠 만에 60여명이 가입하였으므로 사무실 확장의 필요를 느껴 같은 해 2월 7일에 오사리에서 함창시장으로 이전하였다. 불과 4개월 후에는 조합원 수가 422명에 달했고 매출액이 400원(현재 화폐가치로 환산하면 2천만원 정도)이었다고 한다. 순수이익만 하루에 약 160원(현재 화폐가치로 환산하면 8백만원 정도)이었다고 한다.[88]그 뒤로 협동조합은 많은 발전을 거두었으나 1933년 일제의 해산명령과 집요한 탄압으로 해산되고 말았다.

---

87) https://www.hankookilbo.com/News/Read

88) https://www.newsis.com/view

문화관을 찾아가는 주소지는 경상북도 상주시 무운로 1605(경북 상주읍 교촌리 209번지)이다.

6. 1945년 이후 협동조합[89]

우리나라의 자발적 협동조합운동도 일제의 탄압으로 활성화되지는 못했지만 그 정신은 살아있었다. 해방이 되자마자 협동조합운동이 불타올랐다. 해방 후 협동조합운동은 좌익계열의 전국농민조합총연맹과 우익계열의 대한독립농민총연맹 산하 농민후생조합으로 나뉘어 진행되었다.

우익계열 농협은 1951년에 이르러 농업협동조합조직추진위원회를 결성하면서 읍면단위 농업협동조합 발기대회와 동시에 각 시도연합회 및 농업협동조합중앙연합회를 결성하였다. 같은 해에 농협추진위원회를 두고 1천여 개의 읍면조합과 도연합회 및 농업협동조합중앙회까지 결성하여 좌익 계열과 서로 대립하였다. 1952년 당시 농림부장관의 주도로 사단법인 농촌실행협동조합을 설립한 후, 각 시군으로부터 선발된 농협지도자를 육성하였다.

7. 1946년 2월 금융조합 개편 추진

금융조합연합회가 금융조합을 협동조합으로 개편하자는 주장을 하며 협동조합추진위원회를 전국에 설치하고 전국대회까지 개최하였다.

---

89) http://www.ecumenian.com/news/articleView.htm

8. 1948년 11월 농업협동조합법 상정[90)]

1948년의 11월에 농림부가 농업협동조합법의 법안을 국무회의에 상정하였고, 이듬해에는 기획처가 일반협동조합법안을 국회에 상정하였다.

그러나 당시 협동조합의 논란 쟁점은 세 가지를 들 수 있다.

첫째, 우리나라에서 협동조합운동을 위하여 협동조합법의 제정을 선행시킬 것인가, 아니면 자연발생적이어야 하는가.

둘째 농업협동조합의 설립에 있어서 금융조합 등의 기존단체를 활용할 것인가, 아니면 새로 만들어야 하는가

셋째 농협에 신용사업을 겸영시킬 것인가, 아니면 구매·판매·이용·가공과 같은 경제사업만 하게 할 것인가

당시의 상황은 해방 후 일제의 잔재청산, 남북의 분단과 좌우익의 대립, 6.25로 인한 전후 비극 등에 의한 역사의 흐름과 깊은 연관을 가질 수밖에 없었다.

농업협동조합법의 제정을 둘러싸고 금융조합연합회와 농민회, 농림부, 국회가 논의를 거듭하였으나 합의에 실패하였다.

9. 1954년 8월 주한미경제사절단의 쿠퍼안

1954년 8월 주한미경제사절단이 농업협동조합법 제정에 개입하여 존슨안과 쿠퍼안을 내놓았다. 쿠퍼안은 일제하에서 운영되어 오던 금융조합과 산업조합을 재현하자는 안이었다.

---

90) https://blog.naver.com/PostView.nhn?blogId=stupa84

10. 1957년 2월 농업협동조합법 제정

1957년 2월에는 쿠피안을 기초로 농업협동조합법 및 농업은행법이 제정되었고, 1958년 3월에 공포, 시행됨으로써 마침내 농업금융을 전담하는 특수은행인 농업은행과 경제 사업을 담당하는 농업협동조합이 각각 발족됨으로써 농촌조직은 이원적 체계를 갖추게 되었다.

11. 1958년 농업협동조합 설립

농업협동조합農業協同組合은 우리나라에서 1958년 4월 1일 설립된 농업 관련 협동조합으로 농민을 지원하기 위함이 목적이었다.

12. 1958년 풀무학교 설립과 1959년 풀무협동조합 발족

1930년대에 우리나라와 일본에서는 덴마크 농촌부흥운동을 모델로 농촌을 발전시키자는 협동조합운동[91]이 일어났다. 협동조합운동은 특히 북한의 평안도에서 조만식, 이승훈, 이찬갑 등이 오산학교를 중심으로 한때 활발했으나 1940년대 일제와 해방 후 북한 정권의 탄압으로 모두 무산되었다. 하지만 이 운동정신을 품고 월남한 이찬갑과 주옥로가 1958년에 풀무학교를 개교하였다. 풀무학교는 충청남도 홍성군 홍동면에 위치하고 있다.

1959년에 문을 연 소비조합 구판장은 우리나라 최초의 소비조합

91) https://m.cafe.daum.net/landlovers

인 '풀무소비자생활협동조합'을 탄생케 하는 계기가 되었다.

13. 1960년 부산 성가 신용협동조합 설립, 서울 가톨릭 중앙신용협동조합 설립

가. 부산 성가 신용협동조합[92)]

1950년대 일제 시대에서 회복되기도 전에 6.15전쟁이 발발하여 풍전등화의 시절을 겪게 되었다. 1953년 7월 휴전협정 이후 우리나라는 전쟁의 잿더미 속에서 모든 것을 다시 시작해야 했다.

정부는 일제 시대 때 설립되어 운영되었던 농촌 지역의 금융조합, 농회, 축산조합, 원예조합과 어촌 지역의 어업조합을 기반으로 농업협동조합과 수산업협동조합 설립을 위한 입법 조치를 추진했다. 그 결과 법률 제정을 통해 1958년 4월에 특수법인 농업은행이, 같은 해 5월에는 농협중앙회가 발족했다.

1952년부터 부산 메리놀병원에 근무하며 구호활동에 앞장섰던 메리 가브리엘라 수녀는 1957년 12월부터 1958년 1월 사이 캐나다에서 '안티고니시 운동'을 공부하고 귀국한 후 신협운동을 펼쳐 보고자 했다. 1959년 2월 3일부터 6일까지 4일간 부산 메리노 수녀회에서 최초로 신용협동조합 워크숍을 가졌다. 그 후 1960년 3월 19일부터 부산 메리놀병원에서 7주간 신협창립의 전 단계인 강습회가 개최되었다. 강습회는 종교에 구애받지 않고 가톨릭 신자 외에 개신교와 불교 등 다른 종교인들이 상당수 포함되었다.

1960년 5월 1일에는 우리나라 최초의 신용협동조합인 성가신용

---

92) https://m.blog.naver.com/cuf1105

협동조합이 탄생했다. 이때 조합원은 27명이었고, 출자금은 3,400환(약 10만원)이었다. 가브리엘라 수녀가 1번 조합원으로 추대되었다. 성가신협은 당시 사채금리가 월 10%를 넘던 시절에 미국 신협과 동일한 1% 이자로 서민 자활을 도왔다.

이후 푼돈 저축 장려운동을 통해 빈곤의 악순환에서 벗어날 수 있다는 민간주도의 상향식 협동조합 운동을 하였다.

성가 신협은 2019년 10월을 기준으로 전국에 884개 조합 및 1,655개 영업점, 자산 100조원 및 이용자 1,300만 명을 보유한 민간 금융협동조합이 되었다.

신협은 자조 정신을 바탕으로 협동을 통해 빈곤의 악순환을 끊기 위한 운동이었다. 우리나라 '신협 운동의 어머니'라 불리는 메리 가브리엘라 수녀로부터 신협이 시작되었음을 알 수 있다.

나. 서울 가톨릭 중앙신용협동조합

1950년대에 카톨릭계 인사들 중 일부는 한국인의 가난을 극복하는 방법으로 '원조'가 아닌 '자조'의 방법을 생각하게 되었다. 이러한 방법의 하나로 신용협동조합운동에 관심을 가지게 되었다. 그 대표적인 인물이 서울지역에서 선교활동을 벌이던 장대익 신부와 평양교구 월남민들 속에서 활동하던 협동경제연구회 사람들이 있었다. 특히 메리 가브리엘라 수녀는 캐나다 코디연구소와 세계신협협의회의 협조까지 얻어 신협의 설립을 준비하여 1960년 5월 1일 한국 최초로 부산지역에서 '성가신용협동조합'이 탄생하였고, 같은 해 6월 26일 장대익 신부와 협동경제연구회의 주도로 서울에서는

'카톨릭중앙신용협동조합'이 탄생하게 된 것이었다.

'협동조합교도봉사회' 조직이 신협운동의 확산을 위한 지도자 양성교육, 조합원 교육, 홍보, 조직지도 등 종합적인 업무를 담당하였다. 1963년에는 '협동조합교도봉사회'가 '협동교육연구원'으로 개칭하여 발족하였다, 1964년에는 '신협연합회'가 설립되었다.[93]

신협은 1972년 8월 1일 신협법이 국회를 통과하였고, 9월에 「신용협동조합법」이 제정, 공포되었다.

1989년 9월에는 '신용협동조합연합회'를 '중앙회'로 전환하여 지금의 '신협중앙회'가 창립되었다.

14. 1961년 1월 농업협동조합과 농업은행 통합시도

4·19혁명을 통해 정권을 잡은 민주당은 1961년 1월에 농업은행을 개편하여 농업협동조합중앙금고를 설치하고자 하였다. 농업협동조합과 농업은행을 통합하려는 계획이었으나 기득권세력의 반대로 좌절되었다.

15. 1961년 12월 중소기업협동조합법 제정·공포[94]

중소기업협동조합의 시원은 조선 후기 장인匠人들이 단결된 힘으로 공동이익을 도모하고자 조직한 공장조합工匠組合에서 찾아볼 수 있다.

93) https://blog.naver.com/PostView.nhn?blogId=stupa84

94) https://encykorea.aks.ac.kr/Article

근대적인 협동조합운동은 1954년 이후 생필품을 생산하는 광공업 분야에서 주로 원조자금에 의하여 중소기업규모의 설비투자가 이루어지면서부터 시작된 것으로 볼 수 있다. 친목적인 협의체의 성격을 띤 임의단체로서 각종 협회 또는 공업조합의 출현으로 나타났고, 이들은 1956년 7월에 중소기업중앙단체연합회를 결성하였다.

1961년 12월 중소기업협동조합법이 제정·공포되었고, 1962년 4월 중소기업협동조합이 설립되었다.

16. 1961년 5·16 군사정부와 협동조합

1961년의 5·16군사정부 이른바 국가재건최고회의는 농협을 재편성하여 농촌경제의 향상을 도모한다는 방침 아래 그해 7월 새로운 「농업협동조합법」을 제정, 공포하였다.

이에 따라 새로운 농업협동조합은 농업은행과 구 농협의 업무를 인수하고, 1961년 8월 중앙회를 비롯하여 8개 도지부, 140개 시군조합, 101개 특수조합, 2만 1042개 이동조합里洞組合 등의 3단계 계통조직 체제를 갖추고 발족을 보게 되었다.

이 발족 이래 농협은 조합업적경진대회, 새농민운동 등을 통하여 이동조합의 경영체제를 구축하는 한편, 조합경영기반 강화를 위하여 합병을 적극 추진하였다. 특히, 1969년부터는 적정 경영규모 확보를 위하여 이동조합의 읍면단위조합으로의 합병을 강력히 추진한 결과 이동조합의 수는 1969년의 7,525개에서 1972년에는 1,567개로 줄어들었다. 이렇게 조성된 단위농협은 경제 사업뿐만 아니라 상호금융사업을 실시하기 시작하였다. 농협은 정부의 제도적, 정책적 지원 하에서 급격히 성장하였다. 농협은 정책금융 대행사업, 시·도청이나 시·군금고의 대행업무, 비료 및 농약의 정책 구매사업, 정부양곡 방출대행과 정책판매사업 등을 통하여 중앙회에 의한 하향식 업무체계가 형성되었다. 1961년 발족 이후 자산과 조직 규모 면에서 비약적인 성장을 이룩하였다. 회원농협의 경우, 1961년 133억원이던 자산은 2000년 110조원이 넘었으며, 직원은 4,126명에서 51,255명으로 늘어났다. 농협중앙회의 경우, 1961년 193억원이던 자산은 2000년 124조원이 넘었고, 직원은 926명에서 16,334명으로 늘어났다.

국가재건최고회의는 구 농협법과 농업은행법을 폐지하고 새로운 농협법을 제정하였다, 1961년 8월 15일에는 농협과 농업은행이 통합되었다. 이것이 지금의 농협 시작이라 볼 수 있다. 또한 「농업협동조합 임원 임면에 관한 임시조치법」을 공포하여 단위조합장의 임명과 해임을 농협중앙회장에게 위임하였다. 농협중앙회장은 선거직에서 임명직으로 전환하였다. 이처럼 정부에 의하여 운영된 농협은 그 조직과 사업의 양면에서 정부의 절대적인 지원을 받았다. 정책금융, 정부양곡 및 정부비료, 가공농산물의 정부대행구매업무 등 정책 사업을 농협이 담당하였다.

수협도 비슷한 과정을 거쳐 1962년 1월 수산업협동조합법을 국가재건최고회의에서 의결하여 수산업협동조합이 탄생하였다.

17. 1962년 1월 20일 수산업협동조합법 공포[95]

95) https://ko.wikipedia.org/wiki

수산업협동조합水産業協同組合(약칭 수협水協)은 1962년 1월 20일 「수산업협동조합법」(1013호) 공포에 따라 같은 해 4월 1일 출범하였다.

1937년 5월 조선어업조합으로 출발해 1944년 4월 조선수산업회로 개편한 뒤, 1949년 한국수산협회를 거쳐 1962년 4월 지금의 회원조합과 중앙회를 동시에 발족하였다.

18. 1963년 엽연초생산협동조합법 제정, 공포

엽연초에 대한 역사는 1905년 전국 엽연초 경작지에 대한 조사로부터이다. 그 뒤로 일제 시대에도 활발하게 발전되었다.

1962년 엽연초생산 감독권이 전매청에서 농림부로 이관되었으며, 1963년 「엽연초생산협동조합법」이 제정, 공포되었다.

엽연초생산협동조합중앙회는 연초경작자의 조직을 통하여 잎담배 생산력의 증진 및 경작자의 공동이익과 경제적, 사회적 지위향상을 도모하고 담배사업의 건전한 발전에 이바지하기 위하여 설립된 대한민국의 법정단체이다. 대전광역시 서구 둔산2동 1305에 위치하고 있다.

19. 1964년 한국신용협동조합연합회 창립

1964년 4월 55개의 신용협동조합이 한국신용협동조합연합회를 창설[96]하였다. 이 연합회는 그 해 5월 국제신용협동조합연합회(Credit Union National Association International, CUNAI)에 정식회원으

96) https://encykorea.aks.ac.kr/Article

로 가입하였다.

20. 1970년 부산 청십자 의료협동조합 설립[97)]

1968년 5월 13일 장기려 등에 의해 청십자의료보험조합이 부산 초량동 복음의원에서 창립되었다. 참여자는 대부분 일제 시대 협동조합에 관여했던 사람들이나 충남 홍성 지역 풀무생협에서 활동하던 사람들이었다.

창립 발기는 홍성 풀무학교 교사로 근무하다가 덴마크에서 농업과 협동조합을 공부하고 귀국한 채규철의 제안으로 이루어졌다. 충남 홍성 풀무학교 졸업생 황학석이 직원으로 참여하며, 함석헌이 조합원 1호로 가입하였다. 가족 단위 조합 가입을 명문화하였다.

창립 당시 조합원은 23개 교회 신도를 중심으로 723명이었으며, 첫해 회원 수는 1,662명이었다. 의료보험에 대한 인식이 부족한 탓으로 가입을 설득하기가 어려웠던 면도 있었다. 조합원 1인당 월 60원씩 낸 첫 달 보험료는 1주일 만에 환자 2명의 치료비로 바닥나는 등 초창기엔 재정난에 시달렸다.

1969년 4월 스웨덴 아동보호재단(SSCF)의 피보호자를 중심으로 만든 부산의료협동조합과 통합되면서 청십자의료협동조합으로 개편하였다. 조합원은 1만 4천 명이었다. 사업의 성공이 일반에 알려지면서 1970년 서울에 이어 1972년 광주, 인천, 수원, 제주, 경주, 대구, 대전, 전주 등지로 청십자 운동이 계속 확산되었다.

이러한 운동의 성과로 1972년 11월 2일 한국청십자의료협동조

97) http://www.mediahealth.co.kr/news/articleView.html

합중앙회가 창립되기에 이른다. 1972년과 1973년 많은 지역에서 의료 협동조합을 추진하였으나 서울, 대전, 전주, 대구 등 7개 조합에 대해 보사부가 인가를 해 주지 않았고, 1974년에는 춘성, 춘천, 백령, 거제, 영동 등만 인가하여 협성, 동해, 거주, 영덕, 대전, 대구는 미인가로 조합을 운영하였다고 한다.

또한 청십자의료협동조합의 영향으로 전국 각지에서 적지 않은 수의 자영자조합 설립 인가 신청 및 청원서를 보사부에 제출했고 보사부는 그중 일부를 인가해 모두 8개의 자영자 조합이 공식 출현했다. 의료보험법에 따라 공식 인가된 조합은 피용자조합인 호남비료의료보험조합, 봉명흑연광업소의료보험조합, 대한석유공사의료보험조합, 협성의료보험조합 4개와 자영자조합인 부산청십자의료보험조합, 옥구청십자의료보험조합, 춘성의료보험조합 등 8개로, 모두 12개소였다. 이 12개 의료보험조합이 1977년 정부가 정식 의료보험사업을 개시할 때까지 공백기를 메워주었다.

1989년 7월 1일 정부 주도의 도시 지역 의료보험이 시행됨으로 인하여 청십자의료협동조합은 전날인 6월 30일 자진 해산하였다. 청십자의료협동조합의 해산으로 한국청십자사회복지회가 기금을 받아 청십자 운동을 지속해 나가고 있다.

21. 1972년 신용협동조합법 제정[98]

1972년 신용협동조합법이 제정되었다.

신용협동조합법 입법을 위한 노력은 1969년 한국신용협동조합

98) https://www.catholictimes.org/

연합회(회장 이상호) 창설 이래 꾸준히 전개되어 1970년 10월 7대 국회에서 심의 중 7대 국회 종료로 폐기되었고 그 후 8대 국회에 다시 상정하는 등 입법 추진 8년 만에 통과되는 고난의 과정을 거쳤다.

신용협동조합법의 제정으로 임의단체에 지나지 않았던 신용조합은 재산의 법적 보호 내지 법적 권리를 주장할 수 있는 '특별법상의 법인체'로 등록될 수 있게 되었으며, 대내외적 공신력과 조직의 확장 국제기구의 공제사업과 융자금 혜택을 받을 수 있게 되었다.

22. 1973년 단위조합 명칭 사용

1973년부터는 농업협동조합 지역단위의 이동조합 및 읍면조합이라는 명칭을 '단위조합單位組合'으로 바꾸게 되었다.

23. 1976년 난곡희망의료협동조합 설립[99]

1974년 9월에 서울대학교 의과대학 가톨릭 학생회가 성당의 소개로 의료봉사를 하였다. 이때 난곡 주민들이 1주일에 당시 돈 100원을 내고 진료를 받았다. 이 돈마저 없는 사람은 상담 후 무료진료를 받기도 했다. 소문이 나면서 경제적으로 여유 있는 사람들까지 몰리게 되었다.

김혜경은 이때 협동조합을 생각해냈고, 1976년 3월 13일 김혜경의 집 마당에서 '난곡희망의료협동조합' 창립총회를 118세대의 조합원이 모인 가운데 열었다. 1983년에 이르러서는 1만여 명이 조

99) http://m.mediahealth.co.kr/news/articleView.html

합원으로 가입하게 되고 10주년이 되던 1986년 4월 20일 총회에서 병원 설립을 결의하게 되었다. 이렇게 해서 현재 영등포에 있는 요셉의원이 1988년 8월 29일 개원하였다.

난곡의료협동조합은 국가 의료보험이 시작되자 보험료 이중납부와 협동조합으로서의 정체성을 잃게 되면서 1989년 즈음 문을 닫고 말았다.

24. 1980년 산림조합법 제정 시행[100]

1953년 「산림보호임시조치법」이 제정되었고, 1962년 새로 제정된 「산림법」의 규정에 따라 산림계·산림조합 및 산림조합연합회를 모두 일원화된 특수법인계통 조직으로 개편했으며, 1980년 1월 「산림법」에서 산림조합관계규정을 분리하여 별도로 「산림조합법」을 제정·시행하였다.

25. 1982년 새마을금고법 제정[101]

1963년 이래 재건국민운동의 향토개발사업의 일환으로 추진되어 온 새마을금고의 기원은 1963년 5월 경상남도 산청군 생초면 하둔리, 창녕군 성산면 월곡리, 의령군 의령면 정암리, 의령면 외시리, 남해군 남해면 마산리에서 설립된 다섯 개의 협동조합이다.

1973년 3월 마을금고연합회라는 이름으로 설립되어 1982년 「새마을금고법」이 제정됨에 따라 새마을금고연합회를 거쳐 2011년 9

---

100) https://encykorea.aks.ac.kr/Article

101) https://namu.wiki/w

월 '새마을금고중앙회'로 명칭이 바뀌었다.

26. 1985년 안양소비자협동조합 설립[102)]

안양소비자협동조합은 1985년 5월에 28명의 회원으로 설립되었다.

27. 1988년 농협중앙회장과 조합장 선거제로 변경

농협법 제8차 개정(1988. 12. 31, 법률 제4080호)으로 농업협동조합 임원에 관한 임시조치법을 폐지하고 조합장과 중앙회장의 선임방법을 임명제에서 선거제로 변경하였다.

28. 1988년 한살림공동체협동조합 창립[103)]

한살림은 1986년 12월 4일 서울 동대문구 제기동 1192번지에서 '한살림농산'을 개설하고, 이후 소비자 간담회와 월례회의, 연수회, 협동조합 강의 등을 거쳐 1988년 4월 21일 '한살림공동체소비자협동조합' 창립총회를 개최하였다.

29. 1989년 함께 가는 생활소비자 협동조합 창립[104)]

102) https://www.catholictimes.org/article

103) https://ko.wikipedia.org/wiki

104) https://happycoop.tistory.com

한국여성민우회에서 주부들의 문제를 해결하기 위하여 설립하였다.

1989년 안전한 밥상과 좀 더 깨끗한 물과 맑은 공기, 생명이 살아 숨 쉬는 자연 속에서 살기를 꿈꾼 여성 220명이 모여 소비자생활협동조합을 창립했다. '유기농'이라는 말이 생소하던 그때부터 친환경 유기농 농산물을 협동으로 공동구입하며 건강한 밥상을 차려 왔다. 또한 교육, 환경, 지역사회 등 생활 영역 전반의 문제를 함께 해결해 나가며 여성이 행복하고 건강한 사회를 만드는 '행복중심' 비전을 실천하고 있다.

'함께 가는 생활소비자 협동조합'은 창립당시 명칭이었고 지금은 '행복중심생활협동조합'이란 명칭을 사용하고 있다.

30. 1993년 임업협동조합[105]

일제 시대 후 산림녹화운동에 이용하고자 면 또는 군단위로 삼림조합森林組合을 구성하게 하였으나, 이 조직이 민족자결운동의 근원이 된다는 이유로 1932년 해산시켰다. 그 재산은 1921년에 조직된 사단법인 조선산림회朝鮮山林會로 인계하고 청산하였다.

조선산림회는 임업인이나 산림경영자로 구성하여 광복 후까지 존속하다가, 1949년 사단법인 시·군 산림조합, 시·도 산림조합연합회, 중앙산림조합연합회를 설립하게 됨에 따라 해산되었다. 그 재산은 산림조합계통에 인계되었다.

105) https://encykorea.aks.ac.kr/Article

6·25전쟁으로 인하여 전국 산림이 황폐해지자, 이를 복구하기 위해 1953년 「산림보호임시조치법」을 제정하고, 이에 의거하여 전국의 마을단위로 산림계를 조직하였다. 산림계는 정부와 산림조합의 지도로 지역의 산림보호·조림·육림·사방·임산연료소비절약 등을 국민운동으로 전개하였다.

1962년 새로 제정된 「산림법」의 규정에 따라 산림계, 산림조합, 산림조합연합회를 모두 일원화된 특수법인계통 조직으로 개편했다. 1980년 1월 산림법에서 산림조합관계규정을 분리하여 별도로 「산림조합법」을 제정하여 시행하였다.

1990년대에 녹화가 완성된 산림을 경영체제로 전환해야 할 필요성이 요구됨에 따라 산림조합 체제가 산주와 산림경영자를 중심으로 하는 협동조합 체제로 개편이 추진되었다.

1993년 12월 「산림조합법」이 「임업협동조합법」으로 개정되어 임업협동조합에 이르게 되었다. 이후 2000년 5월 1일 「임업협동조합법」이 다시 「산림조합법」으로 바뀌어 임업협동조합이 산림조합으로 개칭되었다.

31. 1994년 농협법, 축협법, 수협법, 임협법 개정

농협법, 축협법, 수협법, 임협법의 개정으로 단위농협의 자율성과 회원농협의 의사반영 구조를 강화하였다. 그리고 농협의 경제사업적 성격이 강화되었다.

32. 1994년 안성의료복지사회적협동조합 설립[106)]

안성의료복지사회적협동조합은 1994년 설립된 우리나라 최초의 의료 분야 협동조합이다. 설립 당시 250여 명의 조합원이 1억2000만원의 출자금으로 시작해 현재는 조합원 6,334세대, 직원 123명(2019년 6월 기준), 연 매출액 약 55억원(2018년 말 기준)의 규모로 성장했다. 2013년에는 사회적협동조합으로 전환했다.

33. 1994년 공동육아협동조합(신촌지역) 창립[107)]

1994년 서울 마포구 신촌 연남동에 사는 주민 34세대가 모여 공동육아협동조합 형태로 만든 '신촌 우리어린이집'으로 출발했다. 부모들의 힘으로 공동육아 터전을 만들고 서로 기대와 가치관을 나누며 함께 운영할 수 있는 협동조합 방식을 따른 **우리나라 첫 공동육아어린이집**이다. 향후 성미산마을공동체의 근간이 됐다.

그 배경으로 1978년 도시 빈민지역에서 탁아운동을 해온 대학생들이 만든 '어린이 걱정모임'이라는 단체를 들 수 있다.

34. 1999년 소비자생활협동조합법 시행[108)]

소비자생활협동조합(이하 생협)은 소비자가 조합원이 되어 조직

---

106) https://m.blog.naver.com/erounnet

107) http://www.incheontoday.com

108) https://www.dbpia.co.kr/journal/articleDetail

한 협동조합으로 상부상조의 정신을 바탕으로 하여 공동구매와 함께 조합원 등이 이용할 수 있는 조합이다. 조합원의 소비생활 향상과 국민의 복지 및 생활문화 향상에 이바지함을 목적으로 한다. 소비자생활협동조합법(이하 생협법)은 1999년 상부상조의 정신을 바탕으로 한 자발적인 소비자생활협동조합의 활동을 촉진함으로써 소비자의 삶의 질 향상에 기여할 것을 목적으로 제정(법률 제5743호, 시행 1999. 8. 6.)되었다. 2021년 생협법 개정을 통해 생협에 대한 지원 확대 등 활성화를 기하고 있다.

35. 1999년 통합농협법 제정

1961년 제정된 농업협동조합법, 1980년에 제정된 축산업협동조합법 및 1988년에 제정된 인삼협동조합법을 각각 폐지하고 새로운 농업협동조합법 제정(1999. 9. 7. 법률 제6018호)으로 농업협동조합중앙회, 축산업협동조합중앙회, 인삼협동조합중앙회를 통합하였다.

36. 2006년 햇사레 협동조합 출범

'풍부한 햇살을 받고 탐스럽게 영근'이란 의미의 햇사레는 복숭아 과일생산 농가들이 2002년 6월 첫발을 내디뎠다. 햇사레는 경기 이천시 장호원농협, 경기 동부과수농협, 충북 음성군 감곡농협, 음성농협, 생극농협, 삼성농협 등 총 6개 농협이 공동 참여하였다. 2002년 경기·충북 복숭아 연합사업단으로 발족했다가 햇사레연합

사업단으로 변경, 2006년에 창립총회를 열고 햇사레과일조합공동사업법인으로 운영되고 있다.[109)]

FTA(자유무역협정)기금 과실 생산 유통지원 사업 연차평가에서 최우수 조직으로 선정된 데 이어, 〈복숭아 농산물 브랜드 대전〉에서 최우수상, 〈복숭아 지자체협력 우수모델〉에서 우수상을 수상해 명실공히 원예농산물 분야의 최고 브랜드로 자리매김하고 있다. 햇사레는 농산물 완전개방시대를 맞아 국내시장에서의 경험을 발판으로 삼고 세계시장에서의 도약을 순비 중이다.

한국의 썬키스트가 돼야 한다는 기대를 안고 있으며, 현재 국내 농산물 브랜드 가치 1위로 우뚝 성장했다.

37. 2012년 12월 협동조합기본법 제정[110)]

협동조합기본법은 2011년 11월 국회에 제출되어, 같은 해 12월 29일 국회 본회의를 통과하였다. 다만 곧바로 시행되지는 않고 1년의 유예기간을 거친 후 2012년 12월 1일부터 시행되었다.

세계적인 경제위기와 금융위기를 겪으면서 각국의 정부는 이 어려운 환경을 돌파하려고 고심하는 때이기도 하였다.

경제위기 상황 속에서도 스페인의 몬드라곤, 이탈리아의 볼로냐 등 협동조합을 기반으로 한 지역은 꾸준히 성장해 왔음을 보고 협동조합에 대한 관심이 커졌다. 제조업뿐만 아니라 금융권의 경우에도 협동조합 은행은 금융위기에 강한 면을 보여주었다.

---

109) 농수축산신문(http://www.aflnews.co.kr)

110) https://rainman815.tistory.com

국제연합(UN)은 2009년 12월 총회에서 2012년을 '협동조합의 해'로 선포하였다. 이를 계기로 각 나라에서는 협동조합에 대한 법과 제도를 정비하도록 권고하였다. 이에 우리나라에서도 2010년 국회 사무처 발주로 한국협동조합연구소에서 「협동조합기본법 제정에 관한 연구 보고서」를 제출하였다.

2011년 10월 11일에는 29개 단체가 참여한 협동조합기본법 제정 연대회의가 결성되었다. 연대회의는 협동조합 기본법을 통해 다양한 분야의 협동조합 설립을 활성화하여 시장경제의 취약점을 보완하고 지역경제를 활성화할 것을 선언하였다.

기존의 8개 개별법에 의한 협동조합은 자율적이고 자발적인 결사체라기보다는 농어민 보호, 중소기업 육성 등과 같은 국가의 정책수단 또는 정책수행의 보완적인 조직이나 기능으로 활용되어온 면이 있었다. 이에 협동조합기본법은 일반인들이 자율적이고 자발적인 협동조합을 만들기 용이하도록 하는 법률이 됐다.

기존의 8개 협동조합 개별법에는 농업협동조합법(1957년), 중소기업협동조합법(1961년), 수산업협동조합법(1962년), 엽연초생산협동조합법(1963년), 신용협동조합법(1973년), 산림조합법(1980년), 새마을금고법(1982년), 소비자생활협동조합법(1999년)이 있다.

현재 산업구조의 중심이 1차, 2차 산업에서 3차 산업으로 변화하고 있는데도 기존의 개별 협동조합법들은 이를 따라가지 못하는 면이 있다. 이처럼 산업구조의 변화는 다양한 형태의 협동조합을 요구하고 있는 것이다.

협동조합법을 개별법적으로 만드는 것은 현실에 맞지 않는 면이 있다. 협동조합 방식으로 운영되거나 협동조합을 지향하고 있음에도 불구하고 협동조합으로 법인격을 획득하지 못한 단체가 존재할 수 있다. 따라서 이를 포괄할 수 있는 기본법의 필요성을 갖는 것이다.

협동조합은 경제 위기 상황에서도 일자리에 대한 변화폭이 적고, 신축적으로 운영할 수 있는 장점이 있다. 이 때문에 협동조합의 확산이 필요한 것이다.

협동조합기본법은 총 7개 장과 119개 조문으로 이루어져 있다.

7개의 장에는 총칙, 협동조합, 협동조합연합회, 사회적협동조합, 사회적협동조합연합회, 보칙, 벌칙으로 구성되어 있다.

협동조합기본법의 주요 내용은 다음과 같다.

1) 협동조합 법인을 협동조합과 사회적 협동조합으로 구분하였다. 사회적 협동조합은 비영리법인이다(협동조합기본법 제4조).

가) 용어 정의(협동조합기본법 제2조).

□ 협동조합이란 재화 또는 용역의 구매 · 생산 · 판매 · 제공 등을 협동으로 영위함으로써 조합원의 권익을 향상하고 지역 사회에 공헌하고자 하는 사업조직을 말한다.

□ 협동조합연합회란 협동조합의 공동이익을 도모하기 위하여 설립된 협동조합의 연합회를 말한다.

□ 사회적협동조합이란 협동조합 중 지역주민들의 권익 · 복리 증

진과 관련된 사업을 수행하거나 취약계층에게 사회서비스 또는 일자리를 제공하는 등 영리를 목적으로 하지 아니하는 협동조합을 말한다.

□ 사회적협동조합연합회란 사회적협동조합의 공동이익을 도모하기 위하여 제3호에 따라 설립된 사회적협동조합의 연합회를 말한다.

□ 이종異種협동조합연합회란 이 법 또는 다른 법률에 따른 협동조합이 공동이익을 도모하기 위하여 설립한 연합회를 말한다.

2) 공직선거에 관여 금지(협동조합기본법 제9조)

3) 협동조합을 설립하려는 경우에는 5인 이상의 조합원 자격을 가진 자가 발기인이 되어 정관을 작성하고 창립총회의 의결을 거친 후 주된 사무소의 소재지를 관할하는 시 · 도지사에게 신고(협동조합기본법 제15조)

4) 조합원의 자격 - 조합원은 협동조합의 설립 목적에 동의하고 조합원으로서의 의무를 다하고자 하는 자로 한다(협동조합기본법 제20조).

5) 출자 한도 - 조합원 1인의 출자좌수는 총 출자좌수의 100분의 30을 넘어서는 아니 된다(협동조합기본법 제22조).

6) 기관 : 총회, 대의원총회, 이사회, 감사, 선거관리위원회(협동조합기본법 제28조부터 제44조까지).

7) 정관에 포함되어야 할 사업(협동조합기본법 제45조).
가. 조합원과 직원에 대한 상담, 교육 · 훈련 및 정보 제공 사업
나. 협동조합 간 협력을 위한 사업
다. 협동조합의 홍보 및 지역사회를 위한 사업

8) 다른 법률과의 관계(협동조합기본법 제13조).
가. 다른 법률에 따라 설립되었거나 설립되는 협동조합에 대하여는 이 법을 적용하지 아니한다.
나. 협동조합의 설립 및 육성과 관련되는 다른 법령을 제정하거나 개정하는 경우에는 이 법의 목적과 원칙에 맞도록 하여야 한다.
다. 대통령령으로 정하는 요건에 해당하는 협동조합 등 및 협동조합연합회 등의 행위에 대하여는 「독점규제 및 공정거래에 관한 법률」을 적용하지 아니한다. 다만, 불공정거래행위 등 일정한 거래분야에서 부당하게 경쟁을 제한하는 경우에는 그러하지 아니하다.
라. 협동조합연합회 등의 공제사업에 관하여는 「보험업법」을 적용하지 아니한다.

9) 다른 법률의 준용(협동조합기본법 제14조).
민법과 상법의 일부 내용을 준용하고 있다.

10) 국가는 협동조합에 대한 이해를 증진시키고 협동조합의 활동

을 장려하기 위하여 매년 7월 첫째 토요일을 협동조합의 날로 지정하며, 협동조합의 날 이전 1주간을 협동조합 주간으로 지정한다(협동조합기본법 제12조).

국가와 지방자치단체는 협동조합의 날의 취지에 적합한 행사 등 사업을 실시하도록 노력하여야 한다.

제6장

나가면서

제6장 나가면서

협동조합의 역사를 살펴보면서 여러 형태의 협동조합을 살펴볼 수 있었다. 그 동안 협동조합에 대해 너무 무지했다는 것을 새삼 느끼는 계기도 되었다. 협동조합을 이해하려면 반드시 협동조합의 역사에 대한 고찰이 필요하다는 것도 알게 되었다.

협동조합의 발생은 인적결합이 그 근본이라 본다. 사회적으로 약자인 자들의 단합으로 경제적인 것을 해결하려는 의도가 강하다.

협동조합은 처음 구매력에 의한 소비적인 방면에서 시작되었으나 점차 생산적인 면과 서비스적인 면 등에서 다양하게 이루어지고 있다.

협동조합에 대한 사항을 종합적인 측면에서 하나하나 살펴보기로 하자.

제1절 협동조합의 조건

협동조합이라고 불리어지기 위해서는 몇 가지 조건이 필요하다.

1. 다수의 발기인

협동조합의 설립에서부터 일정 수의 발기인이 있어야 한다. 개인이 창설하는 것은 개인회사에 불과하다.

협동조합기본법 제15조에 의하면 5인 이상의 발기인이 있어야 한다.

2. 조합원

협동조합의 성질과 목적에 맞는 일정한 자격을 갖춘 일정 수의 조합원이 있어야 한다.

협동조합기본법 제20조에 의한 조합원의 자격은 협동조합의 설립 목적에 동의하고 조합원으로서의 의무를 다하고자 하는 자이다.

3. 정관

정관이란 단체 또는 법인의 조직·활동을 정한 근본규칙을 뜻한다. 형식적으로는 규칙을 기재한 서면을 의미한다. 정관은 강행규정이나 사회질서에 반하지 않는 한 구성원 내지 기관을 구속한다. 협동조합의 이사가 정관에 위반한 행위를 한 때에는 그 단체나 기관에 대하여 손해배상책임을 진다.

정관의 작성은 모든 협동조합에 있어 그 설립행위의 가장 기본적인 요소이다. 발기인이 정관을 작성하는 경우에는 그 전원이 기명날인하여야 한다.

협동조합기본법 제16조 의하면 정관에는 다음 각호의 사항이 포함되어야 한다.

1) 목적
2) 명칭 및 주된 사무소의 소재지
3) 조합원 및 대리인의 자격
4) 조합원의 가입, 탈퇴 및 제명에 관한 사항
5) 출자 1좌의 금액과 납입 방법 및 시기, 조합원의 출자좌수 한도
 – 출자 1좌의 금액은 균일하게 정하여야 한다.
6) 우선출자에 관한 사항
7) 조합원의 권리와 의무에 관한 사항
8) 잉여금과 손실금의 처리에 관한 사항
9) 적립금의 적립방법 및 사용에 관한 사항
10) 사업의 범위 및 회계에 관한 사항
11) 기관 및 임원에 관한 사항
12) 공고의 방법에 관한 사항
13) 해산에 관한 사항
14) 출자금의 양도에 관한 사항
15) 그 밖에 총회 · 이사회의 운영 등에 필요한 사항

협동조합 정관의 변경은 설립신고를 한 시 · 도지사에게 신고를 하여야 그 효력이 발생한다.

4. 조합원들 간의 관계

조합원간의 관계는 수평적이라 할 수 있다. 그 밖에 자유민주주의, 평등, 공정, 자조, 자주, 자립, 자기책임, 연대적 가치 지향 등을

들 수 있다.

협동조합기본법 제21조에 의하면 협동조합은 정당한 사유 없이 조합원의 자격을 갖추고 있는 자에 대하여 가입을 거절하거나 다른 조합원보다 불리한 가입 조건을 붙일 수 없다(공정한 가입의 자유).

협동조합기본법 제23조에 의하면 조합원은 출자좌수에 관계없이 각각 1개의 의결권과 선거권을 가진다(평등한 의결권과 선거권).

협동조합기본법 제24조에 의거 조합원은 정관으로 정하는 바에 따라 협동조합에 탈퇴의사를 알리고 탈퇴할 수 있다(탈퇴의 자유).

5. 등기

협동조합은 관할 관계기관에 등기하여야 그 지위를 인정받을 수 있다. 등기에는 설립뿐만 아니라 합병, 분할, 변경, 변동, 이전, 설치, 조직변경, 해산, 청산 등이 있다(협동조합기본법 관련 제61조부터 제70조까지, 제106조부터 제110조까지).

6. 경제적 수익

협동조합이라고 해서 지원금이나 각종 자금만으로 운영될 수는 없다. 자체적인 수익이 없다면 단체가 존속하거나 존립할 수 없다. 지속가능한 협동조합이 되려면 무엇보다 수익창출이 우선되어야 한다고 본다.

7. 법인체이며 조합원 공동재산

협동조합은 법인체이며 재산은 조합원의 공동소유이다(협동조합기본법 제6조).

8. 지역사회 기여

마지막으로 협동조합이 번성하여 지역사회에도 기여할 수 있다면 성공한 협동조합이라고 할 수 있다.

협동조합의 사회적 가치는 그 만큼 중요하다 할 수 있다(협동조합기본법 제1조).

제2절 협동조합과 유사법인의 비교

협동조합에 대한 이해를 돕기 위하여 유사한 법인과 비교하는 사례가 많이 있다. 여기에서 간단하게 비교 검토해 보기로 하자.

1, 협동조합과 사회적협동조합의 비교[111)]

구분	협동조합	사회적협동조합
목적	조합원의 권익 향상	공익과 비영리성 강조
설립	시, 도지사에 신고	기획재정부(관계부처) 인가

111) 한국소비자원 이금노(2012)

사업	제한 없음	공익사업 40% 이상 수행 - 지역사회 재생, 주민 권익 증진 등 - 취약계층 사회서비스, 일자리 제공 - 국가나 지자체 위탁사업 - 그 밖에 공익증진 사업
법정적립금	잉여금의 10/100 이상	잉여금의 30/100 이상
배당	가능	배당 금지
세제혜택	없음	조세 외의 부과금 면제
행정감독	없음	있음
청산	정관에 따라 처리	비영리법인이나 국고 등에 귀속

2. 사회적협동조합과 사회적기업의 차이

사회적기업이란 취약계층에게 서비스나 일자리를 제공하거나 재화 생산판매 등 영업활동을 하는 기업이다.

사회적기업은 기존의 영리법인 또는 비영리법인이 일정한 요건을 갖추어 고용노동부에 신청하면 인증을 받게 되는 데, 이로써 사회적 기업이란 명칭을 사용할 수 있다.

사회적기업이 되면 많은 지원혜택이 따른다. 경영지원, 교육훈련 지원, 시설비지원, 공공기관의 우선구매, 조세감면, 사회보험료 지원 등의 혜택을 받을 수 있다. 시회적협동조합은 비영리법인이라는 면에서 비교된다. 사회적협동조합도 조건을 갖추어 사회적기업의 인증을 받을 수 있다.

3. 협동조합과 주식회사의 비교

구분	주식회사	협동조합
법 적용	상법	협동조합기본법, 개별법
사업 목적	이윤 극대화	조합원 실익증진
표결권	1주 1표	1인 1표
설립	신고제	신고, 인가
책임 범위	유한책임	유한책임
규모	대규모	소규모, 대규모
성격	물적결합	인적결합
의사결정	경영진 주도	이사회 주도

제3절 세계를 주도한 협동조합의 역사

1. 1844년 로치데일 협동조합 설립
2. 1849년 독일 라이파이젠 최초의 농촌신용조합 설립
3. 1850년 독일 헤르만 슐체 델리치 도시신용조합 설립
4. 1882년 덴마크에 최초의 낙농협동조합 설립
5. 1895년 국제협동조합연맹 결성
6. 1953년 이탈리아 최초의 사회적협동조합 출범
7. 1991년 이탈리아 최초 사회적협동조합 관련법 제정
8. 2012년 UN지정 세계협동조합의 해

제4절 협동조합이 사회에 미치는 좋은 영향

1. 주민들 간의 단합과 협동정신 함양
2. 계속적으로 새로운 전문분야 개척과 발굴
3. 시장물가 안정화에 기여
   - 조합원을 위한 착한가격 견지
   - 이윤보다 조합원 복지 우선
4. 지역사회 발전에 기여
5. 시장 판로 개척
   - 조합원이 생산한 물품이나 농산물 판매 경로 마련
6. 신용사회 구축
7. 조합 간 상호협력을 통한 통합기반 구축으로 상호 이익체제 마련
8. 각종 사회 서비스 사업 활성화 기대
9. 일자리 창출에 기여

제5절 협동조합의 성격[112)]

1. 중간적 영역

협동조합은 새로운 경제와 사회의 수요와 공급을 고려할 때 영리와 비영리의 중간적 영역에서 활동한다.

112) https://www.makehope.org

2. 이중적 가치 추구

협동조합은 영리와 공익의 두 가지 가치를 동시에 추구하는 이중적인 성격을 가진다.

3. 공익적인 단체

협동조합은 영리적인 면에서 경제적 목적을 추구하지만, 사회적으로는 공익을 추구하기 때문에 공익적 단체라고 볼 수 있다.

4. 법인격체

협동조합이 요건을 갖추어 등기가 되면 법인격체로서 단체나 개인 등을 상대할 수 있다.

5. 대안적 경제 모델[113)]

협동조합은 사회양극화, 빈부격차, 고용불안 등 자본주의 경제의 취약점을 보완해 줄 수 있는 경제모델로 대두되고 있다.

6. 실천의 역사성[114)]

---

113) 협동조합기본법 제정의 의의와 시사점. 이금노(2012)

114) 협동조합의 유래와 역사. 김기태(2012)

협동조합의 역사를 살펴보면 이데올로기나 이론 등이 주도하는 역사라기보다 현장의 문제를 슬기롭게 해결하는 실천의 역사였다. 발생된 문제에 대해서는 해석에 시간을 보내는 것보다, 과감하고 효율적으로 대처하고 실천함으로써 성공하는 협동조합이 될 수 있다.

7. 유한책임성

조합원의 책임은 납입한 출자액을 한도로 한다(협동조합 기본법 제22조 제5항).

8. 정치적 중립성

조합은 공직선거에서 특정 정당을 지지 · 반대하는 행위 또는 특정인을 당선되도록 하거나 당선되지 아니하도록 하는 행위를 하여서는 아니 된다(협동조합 기본법 제9조).

9. 가입과 탈퇴의 자유성

협동조합은 정당한 사유 없이 조합원의 자격을 갖추고 있는 자에 대하여 가입을 거절하거나 다른 조합원보다 불리한 가입 조건을 붙일 수 없다(협동조합 기본법 제21조).

조합원은 정관으로 정하는 바에 따라 협동조합에 탈퇴의사를 알리고 탈퇴할 수 있다(협동조합기본법 제24조).

10. 이용실적에 따른 잉여금 배당

잉여금의 배당에 있어서는 이용실적과 납입출자금에 따라 배당한다. 이때 배당 한계는 정관으로 정한다(협동조합기본법 제51조).

11. 의결권과 선거권의 평등성

조합원은 출자좌수에 관계없이 각각 1개의 의결권과 선거권을 가진다(협동조합기본법 제23조).

12. 운영의 민주성

협동조합은 자발적으로 결성하여 공동으로 소유하고 민주적으로 운영되어야 한다(협동조합기본법 제6조).

13. 운영의 공개성

협동조합은 정관과 규약 또는 규정, 총회·이사회의 의사록, 조합원 명부, 회계장부, 그 밖에 정관으로 정하는 사항에 대하여는 적극적으로 공개하여야 한다(협동조합기본법 제49조).

제6절 협동조합의 실패 요인

1. 무리한 투자, 과도한 사업 확대
2. 과신과 자만심에 의한 실수나 실패
3. 이사회 등의 경영관리 능력 부족
4. 관리, 감독 등의 소홀과 부재
5. 인재의 등용이나 부서 배치 등에 있어 무능력자나 불성실자, 범죄자 등 임용.
6. 협동조합의 본질적 몰이해
7. 조합은 개개인의 이익이나 영향보다 전체 이익에 초점을 두어야 함. 개인적인 의견을 수용함으로써 실패나 손실 등을 볼 수 있다. 다수결에 의한 결정방식이 적용되고 지켜지도록 하여야 한다.
8. 조합원 간의 소통 부재나 무관심
9. 조합원들 간의 갈등, 조합과 조합원 간의 갈등으로 인한 불화
10. 교육과 훈련의 부재
11. 일반 기업처럼 운영하려 할 때
12. 전문성을 갖춘 인재 부재
13. 무리한 사업 확장
14. 내부 원칙이나 규정을 무시할 때
15. 경영능력이 부족할 때
16. 주변 환경에 적응하지 못하는 경우
17. 경영진 무능력
18. 목표의식과 책임감이 부족할 때
19. 잘못된 투자
20. 수익감소 대책 소홀
21. 조합원 무더기 탈퇴 등 조합원 관리 소홀

22. 경영진의 부정부패, 횡령 등 윤리적 문제가 있을 때
23. 지역, 국가, 세계적으로 급변하는 환경에 적응하지 못할 때
24. 국내 정치적인 변화나 영향
25. 자연재해 발생
26. 문제의식에 대한 적절한 대응 부족
27. 의결결정을 무시할 때(독단 강행)
28. 조직원들이나 임원들 간의 의견충돌
29. 불투명한 경영 재무관리
30. 조합원들의 협력을 이끌어내지 못할 때

제7절 협동조합을 보는 우려

협동조합이 어려운 환경에서 성공하기 위해서는 고통스런 몸부림이 있어야 하리라고 본다.

협동조합의 성공에는 건전한 목표, 실현 가능한 목표, 서로에게 이익이 되는 목표, 그 결과 모두가 행복해지는 목표이어야 한다고 본다. 이 목표 아래 조합원들이 서로 협력하고 일치단결하는 단합심 또한 중요하다.

조직운영 면에서는 사업을 슬기롭게 헤쳐 나갈 수 있는 경영기술과 사무능력 또한 요구된다.

경영 성과에 따라 순수이익금을 적립할 수 있어야 하고 이를 바탕으로 조직이 지속적으로 운영되고 유지되어야 한다.

협동조합을 막연한 기대나 부푼 꿈을 꾸는 곳으로만 생각하는 것

은 좋은 자세는 아니다.

국가나 지자체 또는 다른 지원 처에 의지하여 운영하려는 생각도 큰 발전을 기대할 수 없다.

잘나가던 금융기관이 IMF 경제위기 때 대출금을 갚지 못하는 채무자들 때문에 파산되는 경우도 있었다. 또는 유언비어나 괴담으로 예금 대량 인출사건도 마찬가지이다. 신용의 유지가 얼마나 중요한지 일깨워주는 사건이다.

자본을 운용하면서 주식투자나 증권투자 또는 무리한 사업투자로 파산하는 경우도 있다.

실적에 급급하다 보면 무리한 업무추진을 할 우려가 있고, 보이지 않는 실수를 할 우려가 있다. 또한 사기 사건에 휘말릴 수도 있다. 이럴 때일수록 현명한 판단과 지혜 그리고 자체진단, 전문가 상담 등이 필요하다.

일부에서 협동조합의 생성에 대해 너무 쉽게 접근할 수 있도록 조언한다면 자칫 쓰라린 실패도 경험할 수 있다.

성공하는 협동조합이 되기란 그리 만만치 않다는 것을 염두에 두어야 하리라고 본다. 협동조합의 역사에서 살펴보았듯이 설립 초창기에는 자신의 인건비도 챙기지 못하는 봉사수준에서 조합을 운영한 사례가 허다하였다.

협동조합의 품목이나 종류에 있어서도 다양하게 생성되고 있다. 새로운 모델, 새 시대에 맞는 창의적인 안목이 필요해 보인다.

마지막으로 협동조합은 국가의 경제적 기반이나 자유 시장 질서에 있어서 서로 침해되지 않는 범위에서 서로의 경계를 넓혀가야 하리라고 본다.

제8절 마무리

최초의 협동조합을 추론하고, 기준을 잡아 그 내용을 주장하는 것도 의견이 분분하였다.

여기에서 최초의 협동조합이라고 주장하기에 앞서 유사한 협동조합이 수없이 생겨나고 없어졌다는 것을 알 수 있다. 결론적으로 오늘날의 조직적인 협동조합이 설립과 관련법이 제정된 것은 앞선 이들의 성공과 실패를 거듭한 결과의 산물이다.

따라서 협동조합에 대한 올바른 이해나 쉬운 이해를 위해서는 반드시 협동조합에 대한 역사를 공부해 주길 바란다.

협동조합에 대한 연구는 이제부터인가 싶다. 협동조합의 역사에 대한 자료를 수집하면서 많은 애를 먹었다. 이는 많은 자료들이 각기 다른 내용을 가지고 있는 경우가 많았기 때문이다. 아직은 이론 정립의 부재 탓이라고 할까?

그리하여 이 책은 협동조합 역사에 대한 줄거리 잡기에 주력하여 쓰여졌다. 깊은 내용이나 세부적인 부분은 되도록 생략하였다. 따라서 이 책은 개론서라고 할 수 있다.

이에 대해 더 자세하고, 더 많은 내용을 섭렵하려면 보다 충실한 이론서를 구입하여 공부해 주었으면 한다.

이 책을 접한 여러분에게 협동조합을 이해하는 데 조금이라도 도움이 되었으면 하는 바람이다.

협동조합의 역사

초판 1쇄 발행일 2024년 11월 12일

지은이 김영성
펴낸이 고미숙
편 집 구름나무
펴낸곳 쏠트라인saltline

신고번호 제 2024-0000075호(2016년 7월 25일)
등록번호 206-96-74796
제 작 처 04549 서울특별시 중구 을지로18길 24-4
31565 충남 아산시 방축로 8 101-502
이 메 일 saltline@hanmail.net

ISBN 979-11-92139-66-1 (03300)
값 20,000원